who?

글 오영석

어린이들이 재미있고 신나게 읽을 수 있는 책을 쓰기 위해 노력하는 작가입니다. 나와 똑같이 고민하고, 실패했던 위인들의 이야기를 통해 독자들도 '할 수 있다'는 마음을 가지길 바랍니다. 작품으로 《세계사 한국사》, 《걸어서 세계 속으로 2. 일본》, 《과학 교과 주제 탐구Q. 몸》 등이 있습니다.

그림 스튜디오 청비

기발한 상상력을 바탕으로 새롭고 재미있는 콘텐츠를 만들어 내는 만화 창작 집단입니다. 작품으로는 《성철 스님》, 《아 다르고 어 다른 우리말 101가지》, 《반기문 유엔 사무총장의 꿈과 도전》, 《who? 한국사 ― 이성계 · 이방원》 등이 있습니다.

감수 경기초등사회과연구회
진로 탐색 감수 이랑(한국고용정보원 전임연구원)
추천 송인섭(숙명 여자 대학교 명예 교수)

 세계 인물

힐러리 클린턴

개정판 1쇄 인쇄 2024년 11월 15일
개정판 1쇄 발행 2025년 1월 1일

글 오영석 **그림** 스튜디오 청비

펴낸이 김선식
펴낸곳 다산북스

부사장 김은영
어린이사업부총괄이사 이유남
책임편집 박세미 **디자인** 김은지 **책임마케터** 김희연
어린이콘텐츠사업1팀장 박정민 **어린이콘텐츠사업1팀** 김은지 박세미 강푸른
마케팅본부장 권장규 **마케팅3팀** 최민용 안호성 박상준 김희연 송지은
편집관리팀 조세현 김호주 백설희 **저작권팀** 이슬 윤제희 **제휴홍보팀** 류승은 문윤정 이예주
재무관리팀 하미선 김재경 임혜정 이슬기 김주영 오지수
인사총무팀 강미숙 이정환 김혜진 황종원
제작관리팀 이소현 김소영 김진경 최완규 이지우 박예찬
물류관리팀 김형기 김선민 주정훈 김선진 한유현 전태연 양문현 이민운

출판등록 2005년 12월 23일 제313-2005-00277호
주소 경기도 파주시 회동길 490
전화 02-704-1724 **팩스** 02-703-2219
다산어린이 카페 cafe.naver.com/dasankids **다산어린이 블로그** blog.naver.com/stdasan
종이 신승NC **인쇄** 북토리 **코팅 및 후가공** 평창피앤지 **제본** 대원바인더리

ISBN 979-11-306-5796-7 14990

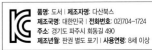

품명: 도서 **제조자명:** 다산북스
제조국명: 대한민국 **전화번호:** 02)704-1724
주소: 경기도 파주시 회동길 490
제조년월: 판권 별도 표기 **사용연령:** 8세 이상

※ KC마크는 이 제품이 공통안전기준에 적합하였음을 의미합니다.

힐러리 클린턴

Hillary Clinton

디션
어린이

자신만의 멘토를 만날 수 있는
who? 시리즈

　다산어린이의 〈who?〉 시리즈는 어린이들은 물론 어른들에게도 재미와
감동을 주는 교양 만화입니다. 〈who?〉 시리즈는 전 세계 인류에 영향력을
끼친 인물들로 구성되었으며 인물들의 삶과 사상을 객관적으로 전해
줍니다.

　이처럼 다양한 나라와 분야에서 활약한 위인들의 이야기를 통해 과학,
예술, 정치, 사상에 관한 정보는 물론이고, 나라별 문화와 역사까지 배우게
될 것입니다. 〈who?〉 시리즈의 가장 큰 장점은 위인들이 그들의 삶에서
겪은 기쁨과 슬픔, 좌절과 시련, 감동을 어린이들이 함께 느낄 수 있다는
것입니다. 어린이들은 이 책을 읽으면서 폭넓은 감수성을 함양하게 됩니다.

　〈who?〉 시리즈의 어린이 독자들이 책 속의 위인들을 통해 자신만의
멘토를 만나 미래의 세계적인 리더로 성장하기를 진심으로 응원합니다.

존 덩컨 미국 UCLA 동아시아학부 교수

존 덩컨(John B. Duncan) 교수는 한국학 분야의 세계적인 석학으로
미국 UCLA 한국학 연구소 소장 및 동 대학의 동아시아학부 교수를
겸직하고 있습니다. 하버드 대학교 교환 교수와 고려 대학교 해외
교육 프로그램 연구센터장을 역임했으며, 주요 저서로는
《조선 왕조의 기원》, 《조선 왕조의 시민 행정의 제도적 기초》 등이
있습니다.

세상을 더 나은 곳으로 만든 사람들의 이야기

어린이들은 자라면서 수많은 궁금증을 가지게 됩니다. 그중에서도 "저 사람은 누굴까?"라는 질문은 종종 아이들의 머릿속을 온통 지배해 버리기도 합니다. 다산어린이에서 출간된 〈who?〉 시리즈는 그런 궁금증을 해결해 주기 위해 지구촌 다양한 분야의 리더들을 소개하고 있습니다.

〈who?〉 시리즈에 등장하는 인물들은 인종과 성별을 넘어 세상을 더 나은 곳으로 만든 사람들입니다. 어린이들은 이 책에서 디지털 아이콘으로 불리는 스티브 잡스는 물론 니콜라 테슬라와 같은 천재 발명가를 만날 수 있습니다.

책 속 주인공들의 어린 시절 이야기를 통해 기쁨과 슬픔, 도전과 성취감을 함께 맛보고, 그들과 함께 성장하면서 스스로 창조적이고 인류에 도움이 되는 사람이 되겠다는 포부와 자신감을 갖게 될 것입니다.

〈who?〉 시리즈 속에서 다채롭고 생동감 넘치는 위인들의 이야기를 만나 보세요.

에드워드 슐츠 하와이 주립 대학교 언어학부 교수

에드워드 슐츠(Edward J. Shultz) 하와이 주립 대학교 언어학부 교수는 동 대학의 한국학센터 한국학 편집장을 역임한 세계적인 석학입니다. 평화봉사단 활동의 하나로 한국에서 영어 교사로 근무한 경험이 있으며, 현재 한국과 미국, 일본을 오가며 활발한 활동을 펼치고 있습니다. 저서로는 《중세 한국의 학자와 군사령관》, 《김부식과 삼국사기》 등이 있고, 한국 중세사와 정치에 대한 다수의 기고문을 출간했습니다.

미래 설계의 힘을 얻는 길이 여기에 있습니다

어린이가 성장하는 시기에는 스스로 미래를 설계하며 다양한 책을 접하는 경험이 필요합니다.

어린 시절 만난 한 권의 책이 인생에 미치는 영향이 얼마나 큰지는 꿈을 이룬 사람들의 말을 통해서 알 수 있습니다. 빌 게이츠는 오늘날 자신을 만든 것은 동네의 작은 도서관이었다고 말하고, 오프라 윈프리는 어린 시절 유일한 친구는 책이었음을 고백하며 독서의 중요성에 대해 이야기합니다.

꿈을 이룬 사람들의 공통점은 또 있습니다. 그들에게는 어린 시절, 마음속에 품은 롤 모델이 있었습니다. 여러분의 롤 모델은 누구인가요? 〈who?〉 시리즈에서는 현재 우리 어린이들이 가장 닮고 싶어하는 롤 모델을 만날 수 있습니다. 버락 오바마, 빌 게이츠, 조앤 롤링, 스티브 잡스 등 세상을 바꾼 사람들의 감동적인 이야기를 담은 〈who?〉 시리즈는 어린이들이 구체적인 목표를 설정하고 희망찬 비전을 세울 수 있도록 도와줄 친구이면서 안내자입니다. 〈who?〉 시리즈를 통하여 자신의 인생 모델을 찾고 미래 설계의 힘을 얻을 수 있습니다.

송인섭 숙명 여자 대학교 명예 교수

숙명 여자 대학교 명예 교수이자 한국영재교육학회 회장으로 자기주도학습 분야의 최고 권위자입니다. 한국교육심리연구회 회장, 한국교육평가학회장, 한국영재연구원 원장을 역임했습니다. 자기주도학습과 영재 교육의 이론을 실제 교육 현장에 적용하기 위해 노력하고 있습니다.

평생을 이끌어 줄
최고의 멘토를 만날 수 있는 책

　　10대에 가장 중요한 것은 무엇일까요? 학과 공부와 입시일까요?
우리나라 최초의 국제회의 통역사로 30년 동안 활동하면서 글로벌
리더들을 만날 기회가 수없이 많았던 저는 대한민국의 초등학생들에게
특별한 조언을 해 주고 싶습니다. 그것은 큰 꿈을 가지는 것이 무엇보다
중요하다는 것입니다.

　　꿈은 힘들고 지칠 때 나를 이끌어 주는 힘이고 내 인생의 주인이 되어
일어설 수 있게 하는 원동력이 되어 줍니다. 꿈이 있는 아이가 공부도
잘하고 결국 그 꿈을 실현할 수 있게 되는 것입니다. 저 역시 어린 시절
품었던 꿈이 지금의 자리에 있게 한 원동력이었습니다. 남들이 모르는 큰
꿈을 마음속에 간직하고 있었기에 괴롭고 힘들어도 포기하지 않고 다시
일어설 수 있었습니다.

　　어린 시절 저에게도 힘들고 지칠 때마다 용기를 불어넣어 주고
힘이 되어 주었던 분들이 있었습니다. 지금의 자리로 저를 이끌어 준
멘토들처럼 〈who?〉 시리즈에서 여러분의 친구이자 형제, 선생이 되어 줄
멘토를 만날 수 있기를 바랍니다.

최정화 한국 외국어 대학교 교수

우리나라 최초의 국제회의 통역사로 현재 한국 외국어 대학교
통번역대학원 교수로 재직 중입니다. 세계 무대에서 자신의 꿈을
이룬 여성 신화의 주인공으로, 역시 세계에서 꿈을 펼치려고 하는
청소년들에게 멘토로서의 역할을 충실히 하고 있습니다. 저서로는
《외국어 내 아이도 잘할 수 있다》, 《외국어를 알면 세계가 좁다》,
《국제회의 통역사 되는 길》 등이 있습니다.

- 이름: 힐러리 클린턴
- 생몰년: 1947년~
- 국적: 미국
- 직업·활동 분야: 정치인
- 주요 업적: 제42대 미국
  대통령 영부인, 제67대 미국
  국무부 장관, 2016년 미국
  대통령 선거 민주당 후보

힐러리 클린턴

2016년 11월 8일, 힐러리 클린턴은 미국 대통령 선거 후보로
출마하여 도널드 트럼프에게 아쉽게 패배하였습니다. 그러나
이 사건은 미국 역사상 최초의 여성 대통령이 탄생하는가에 대한
뜻깊은 도전이었습니다. 이제 세계적인 리더의 자리에 올라
강인한 여성 리더의 표본이 된 그녀에게 겁 많고 소심했던 어린
시절이 있었다고 하면, 믿기시나요? 숱한 역경 속에서 씩씩하게
걸어온 힐러리 클린턴의 이야기에 귀 기울여 보세요.

도로시 하웰 로댐

힐러리의 어머니로 책을 좋아하는 평범한 가정주부였습니다.
도로시는 가부장적인 남편과 달리 힐러리의 진취적인 사고방식을
이해하고, 응원해 준 사람입니다.
힐러리는 이런 어머니를 마음 깊이 의지했습니다.

도널드 존스 목사

해군 제대 후 신학교를 다니다가 목사로 부임했습니다.
힐러리는 세상에 존재하는 차별을 무너뜨려야 한다는 그의 생각에
큰 깨달음을 얻게 됩니다.

들어가는 말

■ 민주주의가 발달한 미국에서도 여성 정치 리더는 흔치 않습니다. 이런 환경 속에서 대통령에
도전함은 물론 세계적인 여성 리더가 된 힐러리 클린턴에 대해 알아봐요.

■ 힐러리 클린턴이 어린 시절을 보낸 1950년대 미국의 모습은 어땠을까요?

■ 미국의 전 대통령 빌 클린턴의 아내로서의 모습과 정치인으로서의 모습을 비교해 봅시다.
또한 정치인 힐러리의 행보에 대해 생각해 볼까요?

1 겁 많은 소녀

1950년,
미국 일리노이주 파크리지.

여기가 이제부터 우리가 살 집이란다.

와아!
신난다.

그렇게 노닥거릴 시간 있으면 어서 짐이나 날라.

알았어요.

저도 거들게요.

엄마!

해냈어요.
제가 나쁜 애들을
물리쳤어요.

잘했다.

그리고 오히려
애들이랑 친해졌어요.
수지하고도 친구가
되었고요.

두려움이란 한번
굴복하기 시작하면
평생 습관으로
굳어지는 거야.
잘 이겨 냈구나.

엄마 말씀이
맞았어요.

이게 다 무슨
소리야?

여자애가 바깥에서
싸움질이나 하고
돌아다닌단 말이야?
당장 들어와!

5년 뒤.

이번 시간에는 일에서 천까지의 수를 더해 볼 거예요.

그걸 언제 다해요?

힘들어요. 선생님!

힘들어도 하나씩 천천히 계산해 보세요.

네.

난 도저히 못하겠어.

나도 포기야.

으악! 뉴스 싫어.

뉴스나 봐야겠군.

뇌물 수수 혐의로 하원 의원이 구속되었습니다.

저런 사람들이 가장 나쁜 거야. 아빠 부도덕한 사업가나 부패한 정치인을 보면 정말 화가 난단다.

저도 싫어요.

네가 뭘 안다고 그래?

이 나라를 제대로 이끌어 갈 정당은 *공화당뿐이야.

맞아요.

그래서 저도 공화당이 좋아요. 아빠!

어른들 일에 참견할 생각 말고 들어가 공부나 해라.

숙제는 다 했으니 내일 공부를 미리 해 놓을게요.

*공화당: 미국의 대표적인 보수주의 정당

정 일이 없으면 아빠 공장 일을 도와 드려도 되고 말이야.

쳇.

어? 눈이 오네?

와! 눈이다.

누나, 추워.

내가 찾을 테니 너희는 들어가 있어.

아! 저기 있다.

찾았어. 누나. 헤헤!

엄마…….

다음 날.

학교
다녀오겠습니다.

오늘
걸 스카우트 모임
있는 날이니?

아뇨.
그냥 이 옷이
편해서요.

이렇게 편한데
진작 입고 다닐걸
그랬어요.

그래.
잘 갔다
오너라.

저, 엄마.

왜?
할 말 있니?

어제 했던 말,
죄송해요.

엄마처럼 살지
않겠다고 한 거요.

아니다.
네 얘길 듣고
내 꿈을 돌아보는
계기가 되었단다.

내 희망은 바로 힐러리 너야.
네 꿈을 이룰 수 있도록
열심히 공부하렴.

엄마!

힐러리의 성공 열쇠

미국 제42대 대통령의 영부인이자 미국 연방 상원 의원,
국무 장관 등을 지낸 힐러리 클린턴

힐러리 클린턴은 미국 제42대 대통령(1993~2001년)이었던
빌 클린턴의 부인으로 먼저 알려졌어요. 영부인의 역할을
착실히 해내면서 남다른 그녀만의 지혜와 지도력이 서서히
드러나 지금은 세계에서 가장 영향력 있는 여성 정치인으로
주목받고 있습니다.
정치계에서 여자라는 약점을 딛고, 남편의 그늘에서 벗어나
홀로 당당히 일어설 수 있었던 힐러리만의 성공 비결은 과연
무엇이었을까요?

하나   정확한 표현력을 키워라!

힐러리는 자신의 주장을 표현하는 데 탁월한 재능을
가졌어요. 연설을 할 때도 내용을 명료하게 하고, 핵심을
정확히 짚어 전달했지요. 그래서 사람들은 그녀가 하고자
하는 말을 정확히 이해하고 납득할 수 있었답니다.

who? 지식사전

힐러리의 유명한 명언

"경쟁을 두려워하지 마! 너는 네가 원하는
어떤 것이든 될 수 있어."

"어떠한 상황에서도 마음의 균형을
유지하는 사람이 되어라."

"남의 말에 흔들리지 않는 자신감을 가진
당당한 여자가 되어라."

어린아이들이 듣기에도 명료하고 분명한 힐러리의 연설 중에는 사람들을 열광시킨 감동적인 명언들이 매우 많습니다.

퍼스트레이디 시절의 힐러리 클린턴

둘 〈 포기하지 말고 노력해라!

힐러리는 새로운 분야로의 도전을 두려워하지 않았어요. 퍼스트레이디(영부인)로 활동하던 때에는 의료 보험 제도 개혁을 위해 노력했고, 퍼스트레이디로는 최초로 상원 의원(미국의 각 주를 대표하는 의원)에 출마하여 당선되었습니다. 또 비록 낙선하였지만 2016년에는 미국 최초의 여성 대통령이라는 큰 꿈에 용기 있게 도전하였답니다.

셋 〈 이미지를 관리하라!

이미지는 자신의 모습을 상대방에게 인식시켜 주는 중요한 방법이에요. 이렇게 이미지를 이용하여 자신의 존재감을 확인시키는 것을 '이미지 메이킹'이라고 하지요.

'성공을 하려면 미용실을 가라'라는 명언을 남기기도 한 힐러리 클린턴의 1992년 모습

퍼스트레이디는 누구일까요?

퍼스트레이디라는 말은 1877년 미국 제19대 대통령 R. 헤이스의 취임식에서 한 기자가 대통령 부인을 퍼스트레이디라고 부른 것에서 시작되었어요.
이는 사회에서 지도적 지위에 있는 여성을 의미하는데, 주로 대통령이나 총리, 수상 등 국가 최고 권력자의 아내를 가리키는 말로 쓰인답니다. 우리나라에서는 퍼스트레이디를 '영부인'이라 부르고 있지요.
퍼스트레이디의 역할은 대통령의 배우자가 아닌 다른 사람이 대신할 수 있습니다. 만일 대통령의 배우자가 사망하게 되면 대통령의 딸이나 누이, 며느리 등이 퍼스트레이디의 역할을 담당하게 됩니다.

한자리에 모인 미국의 퍼스트레이디들

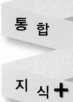
힐러리가 대중의 지지와 인기를 얻을 수 있었던 것에는 탁월한 이미지 메이킹도 한몫을 했어요.

과거 변호사 시절의 힐러리는 둔탁한 안경과 화장기 없는 얼굴로 평범한 인상이었어요. 하지만 지금 그녀는 세련된 모습으로 커리어우먼을 대변하는 이미지로 바뀌었지요. 이미지 메이킹의 중요성을 알게 된 힐러리는 상원 의원으로 데뷔할 때 짧은 헤어스타일로 바꾸었어요. 상황에 맞춰 이미지를 변신하는 힐러리야말로 늘 변화와 혁신을 추구하는 리더에 잘 어울리는 사람이라 할 수 있지 않을까요?

힐러리를 포함한 미국의 여성 상원 의원들이 한자리에 모였습니다.

넷   공감을 얻어라!

힐러리가 백악관에 입성한 후 엄숙할 것만 같은 백악관에 새로운 문화가 생겨났어요. 클린턴의 참모들과 백악관을 방문한 사람들이 모두 격의 없이 어울릴 수 있게 된 것이지요. 힐러리는 재치 있는 유머로 권위를 허물고, 솔직하고 친근한 태도로 사람들에게 다가갔답니다. 그래서 사람들은 딱딱한 백악관의 이미지를 바꾸려는 힐러리의 노력을 높이 평가하며, 백악관을 '힐러리 랜드'라고 부르기도 했습니다.

솔직하고 친근한 힐러리의 이러한 태도는 빌 클린턴의 재선(두 번째로 당선됨)에도 큰 역할을 했습니다. 1996년 재선 당시에 빌 클린턴에게 어려움이 찾아올 때마다 그녀는 솔직함을 무기로 수많은 인터뷰를 통해서 국민의 공감대를 이끌었고, 남편을 위기에서 끌어올리는 역할을 톡톡히 해냈지요.

힐러리는 빌 클린턴의 재임이 끝나고, 상원 의원으로 독자적인 활동을 벌이며 큰 인기를 유지하였습니다.

가족들과 함께 있는 힐러리 클린턴

멘토를 만들어라!

힐러리는 다른 훌륭한 여성들을 모델로 삼아 닮아 가려고 많은
노력을 했습니다. 그녀들처럼 우아하게 행동하고 많은 지식을
쌓으려고 열심히 책을 읽었지요. 자신이 존경하는 인물처럼
되기 위해 긍정적인 생각을 갖고 노력한 결과, 힐러리 역시
뛰어난 리더가 될 수 있었답니다.
멘토는 자신의 목적을 모르거나 방향을 잃었을 때 적절한
조언을 해 주는 사람입니다. 성공한 리더 뒤에는 훌륭한
조언자들이 있기 마련이지요. 여러분도 주변의 친구나
부모님을 멘토로 삼고 마음을 터놓는다면 문제가 생겼을 때
도움을 얻을 수 있을 거예요.

이제는
힐러리 클린턴이 많은
이들의 멘토가 되고
있지요.

who? 지식사전

힐러리의 멘토를 소개합니다!

재클린 케네디 오나시스(1929~1994년)
재클린은 미국 제35대 대통령 존 F. 케네디의 부인으로, 우아하고 지적이며 세련된 매너와
뛰어난 패션 감각으로 미국 국민의 사랑을 듬뿍 받았어요. 하지만 재클린은 남편 존 F. 케네디
대통령의 죽음으로 3년만에 퍼스트레이디 생활을 끝내야 했지요. 훗날 선박왕 오나시스와
재혼했지만 또다시 남편이 갑작스런 죽음을 맞이하게 됩니다. 하지만 재클린은 강인한 의지로
어려움을 딛고 출판과 언론 일에 뛰어들어 출판업계에 성공적으로 자리 잡게 된답니다.

재클린 케네디 오나시스

엘리너 루스벨트(1884~1962년)
엘리너 루스벨트는 미국 제32대 대통령 프랭클린 D. 루스벨트의 부인이에요. 그녀는 남편의
정치 생활을 적극적으로 지원한 것은 물론 여성 문제, 인권 문제 등 폭넓은 분야에 관심을
가지면서 퍼스트레이디의 활동 범위를 넓혔답니다. 엘리너는 1945년부터 1952년까지 유엔의
대표를 지내다가 1961년부터 여성 지위 위원회의 의장을 맡아 세계 인권 선언의 기초를 닦는
데에도 큰 역할을 했답니다.

엘리너 루스벨트

2 왜 여자라서 안 돼?

힐러리는 파크리지의
소공원을 관리하는 일을 하며
직접 용돈을 벌었습니다.

휴, 저 말썽쟁이들! 잡히면 가만 안 두는 건데.

힐러리, 넌 정말 대단해.

뭐가?

나 같으면 남자애들이 겁나서 그렇게 못했을 거야.

남자나 여자나 똑같은 사람인데 겁날 게 뭐 있어?

다녀왔습니다.

말도 안 돼!

스푸트니크호 때문에 우리가 소련보다 우주 개발에 몇 년은 뒤처져 있다는군.

*나사(NASA): 미국 항공 우주국

저는 파크리지에 사는 여학생입니다.
우주 비행사에 지원하려고 하는데 어떤 준비를 해야 하나요?

됐다.
벌써 답장이 기다려지네.

루이 14세가 했던 "짐이 곧 국가다."라는 말은

강력한 절대 권력을 의미하지.

♪

힐러리! 무슨 좋은 일이라도 있니?

네, 나사에서 모집하는 우주 비행사에 지원했거든요.

그게 정말이야?

와아! 좋겠다.

그럼 정말 우주 비행사가 되는 거야?

텔레비전에도 나오겠네?

음.

아직 된 것도 아닌데, 뭐.

힐러리, 네가 진짜 우주 비행사가 되었으면 좋겠다.

응. 나도 기대하고 있어. 빨리 답장이 왔으면 좋겠다.

며칠 뒤.

아! 뭐라고 적혀 있을지 너무 궁금해.

힐러리! 항공 우주국에서 편지가 왔구나.

정말요?

힐러리가
우주 비행사에
지원했다가
떨어졌대.

여자는
지원 자체가 되지
않는데 그것도
몰랐나 봐.

그럴 줄
알았어.

저것들이!
부러워할 때는
언제고.

내버려 둬,
벳시!

저 애들이 우리가
받는 차별에 대해
뭘 알겠니?

이번 일로
힐러리가 세상에
존재하는 차별에 대해
눈뜨게 되었구나.

이러한 차별들을 없애기 위해선
절대 현재에 머물러 있어선
안 됩니다.

행동하는 신념으로
실천을 해야만 차별의 벽을
무너뜨릴 수가 있어요.

지금 남부에서 벌어지고 있는
흑인 *민권 운동을 보면
잘 알 수 있습니다.

행동하는 신념이라고?

*민권: 국민의 권리. 특히 참정권을 이른다.

그렇구나. 어차피 존재하는 차별이라면 싸워야 하는 거야.

싸워서 반드시 여성을 차별하는 세상을 바꾸고 말 거야.

여자라서 안 되는 일은 없다는 걸 보여 줄 거야.

도널드 존스 목사라고? 매우 급진적인 생각을 가진 사람이군. 힐러리가 저런 사람에게 물들어선 안 돼.

그러나 힐러리의 아버지는 그 깨달음을 좋게 보지 않았습니다.

인권에 대하여

인권이란?

인권이란 민족이나 국적과 상관없이 인간이라면 누구나
누려야 한다고 생각되는 보편적인 권리 또는 지위를
말합니다. 사람이 사람답게 살 수 있는 권리, 개인의 자유와
독립성이 보호받고 보장되는 것을 뜻하지요. 예를 들어
종교와 표현의 자유, 이동의 자유, 자기 결정의 권리와
교육의 권리, 정치에 참여할 권리 등이 포함된답니다.
힐러리는 인권 문제에 매우 관심이 많았어요. 변호사로
일하는 동안 소외된 계층의 인권과 복지를 위해 힘썼고
퍼스트레이디가 된 후에도 그런 노력을 계속하였습니다.

키루스 실린더. 기원전 538년 정도에 만들어진 원통형
점토판으로, 정복당하는 사람에 대한 인권을 배려하는
내용이 담겨 있어서 '세계 최초의 인권 문서'로 평가받는
유물입니다. ⓒ dynamosquito

세계 인권 선언

세계 인권 선언은 1948년 12월 10일 유엔 총회에서
채택된 인권에 관한 선언이에요. 처음에는 법적 구속력이
없었는데, 1966년의 국제 인권 규약을 거쳐서 법적인
구속력을 가지게 되었고, 이로써 세계 인권 선언은 인권 관련

who? 지식사전

대한민국 헌법 재판소

대한민국 헌법

대한민국의 최고 기본법으로 대한민국의 국민, 대한민국의 영역 내에서 적용되는
법입니다. 1948년 7월 17일에 제정되어 지금까지 9차례 개정되었으며, 1987년
10월에 마지막으로 개정된 현행 헌법은 전문과 본문 130개조, 부칙 6개조로
구성되어 있습니다.

국제법이 되었습니다.

우리나라는 국제 인권 규약들을 대부분 수락하고 있으며, 인권과 자유를 존중하고 준수하는 대한민국 헌법에 따라 기본권을 성실히 이행하고 있어요. 대한민국 헌법 제2장 '국민의 권리와 의무'가 바로 이것이지요.

인권 보호를 위한 단체들이 "사랑은 인권이다!"를 외치고 있습니다. ⓒ Ainlina

셋 세계 인권 선언문

세상에는 빈곤, 전쟁과 폭력, 인종 차별 등으로 인간다운 권리를 누리지 못하는 사람들이 많습니다. 하지만 인권은 누구에게나 주어진 마땅한 권리라는 것을 명심해야 해요. 그럼 세계 인권 선언문의 내용을 함께 살펴볼까요?

• 제1조 모든 사람은 태어날 때부터 자유롭고, 존엄성과 권리에 있어서 평등하다. 사람은 이성과 양심을 부여 받았으며 서로에게 형제애의 정신으로 대하여야 한다.

• 제7조 모든 사람은 법 앞에 평등하고, 어떠한 차별도 없이 법의 평등한 보호를 받을 권리를 가진다.

• 제18조 모든 사람은 사상의 자유, 양심 및 종교의 자유에

법 개정을 요구하는 근로자의 모습

대표적인 국제 인권 단체에 대해 알아볼까요?

• **국제 사면 위원회**: 국제 앰네스티라고도 합니다. 비정부 기구로 중대한 인권 학대를 막고 권리를 침해받는 사람들을 위하여 행동하는 것을 목적으로 합니다. 1961년 영국 런던에서 시작되었고, 1977년에 노벨 평화상을, 1978년에 유엔 인권상을 수상하였습니다.

• **유엔 인권 위원회**: 유엔의 경제 사회 이사회 산하에 설치된 인권 보호 기관입니다. 1948년에는 세계 인권 선언 초안을 마련했는데, 이것은 유엔의 경제 사회 이사회에서 승인되었고, 총회에서 만장일치로 채택되었습니다.

대한 권리를 가진다.
- 제23조 2. 모든 사람은 어떠한 차별도 받지 않고 동일한 노동에 대하여 동일한 임금을 받을 권리를 가진다.
- 제26조 1. 모든 사람은 교육을 받을 권리를 가진다.

넷 차별받기 싫어요!

인권 침해 사례는 우리 주변에서도 흔히 찾아볼 수 있습니다. 한국에 일하러 온 이주 노동자, 장애인, 노인 등에 대한 인권 침해 사례를 살펴보고, 편견을 갖거나 불합리한 차별을 하지 않도록 노력해야 합니다.

한국이 무서운 이주 노동자

우리보다 빈곤한 나라의 노동자들 중에는 한국을 자신의 꿈을 이룰 수 있는 희망의 장소로 생각하는 사람들도 있습니다. 이주 노동자들은 가족과 고향을 떠나 한국에 와서 궂은일도 마다하지 않고 열심히 일하고 있지요. 하지만 이주 노동자 중에는 한국에서 희망을 잃는 경우도

2009년 세계 이주민의 날을 맞아 인천 지역에서 이주민 권리 선언을 했습니다.

who? 지식사전

장애인 편의 시설

점자 안내 표지판이나 횡단보도의 음향 신호기는 시각 장애인이 정보를 얻기 매우 유익할 것이며, 장애인 전용 주차 구역의 설치는 보행이 불편한 장애인에게 큰 도움이 될 것입니다. 이처럼 장애인은 사회적 활동에 제약을 받는 경우가 많기 때문에 편의 시설이 꾸준히 마련되어야 합니다.

움직임이 불편한 사람을 위한 안내 손잡이

시각 장애인을 위한 점자 안내

장애인 전용 주차 공간

휠체어 에스컬레이터

있습니다. 시민 단체를 통해 알려진 이주 노동자들의 근로
환경은 매우 열악합니다. 이주 노동자들이 일을 하다가
다치면 그 즉시 해고를 당하거나 임금도 받지 못한 채
쫓겨나는 경우도 있지요. 이주 노동자들의 정당한 권리를
보장해 주기 위한 노력이 필요합니다.

노인에 대한 복지를 요구하는 캠페인을 벌이고 있습니다.

장애인이라서 안 되나요?
장애인은 장애인 보호 시설이 제대로 갖춰지지 않은
곳에서는 자유롭게 활동하기가 어렵습니다. 정작 내가
이런 일을 당하면 어떤 기분이 들까요? 몹시 불쾌하고 화가
날 거예요. 장애인의 입장이 되어 배려하는
태도가 필요합니다.

노인 복지 문제
의학이 발전하고 삶의 질이 향상되면서 앞으로
노인 인구는 점점 더 늘어날 것입니다. 총인구에서
노인이 차지하는 비중이 늘어나면 그에 따른 준비가
필요합니다. 지금은 노인들의 편안한 삶을 보장할
제도적 뒷받침을 고민해야 할 시기랍니다.

노인을 위한 시설과 인력이 필요합니다.

살색이 아니라, 살구색!

피부색을 뜻하던 '살색'이란 말은 2002년 8월 국가 인권 위원회에 의해 인종 차별을 부추기고 외국 출신 이주민의 평등권을
침해하는 말이라는 판정을 받았어요. 그래서 2005년 기술 표준원에서는 '살색' 대신 '살구색'으로 이름을 바꾸었답니다.
하지만 여전히 인종 차별적 단어인 살색을 많이 사용한다고 해요. 앞으로 인권에 대해 조금 더 관심을 갖고 세심하게
배려한다면 차별적인 말과 행동은 금방 사라질 수 있을 거예요.

살색 사용 금지 캠페인

세상엔 다양한 인종이 있어요.

모든 인간은 평등해요.

서로를 존중하는 태도가 중요해요.

3 따듯한 손길이 필요한 곳

목요일과 주말만 되면 인생 대학 가는 일 때문에 기분이 좋아.

오늘은 시카고에 있는 흑인 교회를 방문한다는데 알고 있지?

흑인 교회에 가는 이유는 너희들이 파크리지 바깥의 세상에 대해 더 많이 알게 되길 바라기 때문이야.

흑인이나 히스패닉 청년들과 대화를 나누어 보면 인종 차별에 대해 많이 느끼게 될 거다.

자, 서두르자!

네!

고, 고마워요. 아줌마! 너무 배가 고팠어요. 흐흐흑!

울지 말고 천천히 먹으렴.

마음이 아파 더 이상 못 있겠어요.

그만 가자!

쳇, 그렇게 약해 빠져서 어떻게 험한 세상을 살아?

자! 내 것도 먹어.

고마워.

대출할게요.

네.

그동안 빌린 책을 보니 아동 문제에 관심이 많으신가 봐요?

저도 엄마잖아요.

엄마라면 누구나 아이들에 대해 관심이 많은 법이랍니다.

힐러리!

나중에 어른이 되면 어려운 상황에 처한 아이들을 위해 일하고 싶어요.

그래, 장하다.

힐러리는 도널드 존스 목사의 인생 대학을 통해 많은 경험을 하게 됩니다.

전시회에서 거장들의 예술 작품을 관람하거나 고전을 읽고 함께 토론하면서 지식을 넓혔고,

마틴 루서 킹 목사의 강연장에서 킹 목사와 직접 대화를 나누기도 했습니다.

인생의 목적은 행복을 추구하는 것만이 아니에요. 하나님이 우리에게 부여한 뜻에 따라 사는 것, 그것이 진정한 목적입니다.

와아아

강연 잘 들었어요. 목사님! 정말 감동적이었어요.

내 강연에 관심을 가져 줘서 고맙습니다.

여러분의 작은 관심들이 모여서 이 사회에 큰 변화를 몰고 올 것입니다.

인생 대학은 파크리지에 한정되어 있었던 힐러리의 세계를 넓히는 계기가 되었습니다.

아! 오늘 킹 목사님의 강연은 영원히 잊지 못할 거 같아.

나도.

이거 누나 아니야?

신문에 난 사람이 정말 누나 맞아?

응.

너도 말썽만 피우지 말고 좋은 일 좀 해 봐. 그럼 신문에 날 수 있을 테니까.

와, 대단한데?

지역 신문에 난 게 뭐 대단한 일이라고 그렇게 떠들어?

어험!

아빠 무슨 일이든 칭찬하는 적이 없다니까.

다들 어딜 그렇게 급히 가세요?

폴 칼슨 선생님이 신도들에게 할 이야기가 있대요.

네?

존스 목사는 우리 아이들에게 이상한 사상을 주입하고 있습니다.

그거 잘됐군!

듣자 하니 학생들을 데리고 다니며 이상한 사상을 주입한다던데 그런 사람은 쫓아내야 해.

아니에요!

존스 목사님은 그런 분이 아니라고요!

뭐?

아니? 저 녀석이!

목사님!

정말 떠나시는 거예요?

그렇게 되었구나. 힐러리!

너에게 더 많은 세상을 보여 주지 못해서 아쉬울 뿐이야.

힐러리! 네게는 많은 잠재력이 있단다.

세상을 변화시킬 힘이 네 안에 있으니 불의와 부당한 차별 앞에서 머뭇거리지 말고 꿈을 향해 힘껏 달려가.

목사님!

아이들의 교육을 두고 폴 칼슨 교사와 대립했던 도널드 존스 목사는 결국 2년 동안 지냈던 교회를 떠나게 됩니다.

여성의 인권과 성차별

세계의 차별받는 여성들

오늘날 여성들의 지위는 예전과 비교할 수 없을 만큼
향상되었습니다. 각종 기관과 단체에서 양성 평등 실현을
위해 많은 노력을 기울인 덕분이지요. 하지만 일부
국가에서는 아직도 여성들의 권리가 제대로 지켜지지 못하고
있답니다.

아프가니스탄 여성들

아프가니스탄에서 탈레반(이슬람 근본주의 집단)은 나라
전체를 좌지우지하는 강력한 군사력과 정치적 힘을
가지고 있어요. 탈레반의 법에 의하면 여자는 학교에
가서도 안 되고, 직업을 가져서도 안 된다고 합니다.
이렇듯 아프가니스탄에서 여성들의 삶은 매우 제한되어
있답니다.

이슬람 여성의 히잡, 차도르, 부르카

이슬람 여성들이 몸을 가리기 위해 두르는 천을 가리켜
히잡, 차도르, 부르카라고 불러요. 히잡은 두건과 비슷한데

여성들이 인권 침해를 고발하는 시위를 벌이고 있어요.
© Roblespepe

who? 지식사전

1932년 여성의 날을
기념하는 포스터

세계 여성의 날

1908년 2월 28일 미국에서 여성들의 대규모 시위가 벌어졌어요. 15,000명이나 되는 여성
노동자들이 근무 시간 단축, 임금 향상, 투표권 등을 요구하며 뉴욕시로 행진을 시작했지요.
그리고 1908년 3월, 뉴욕의 한 공장에서 여성 노동자들이 작업 환경을 개선하기 위해 싸우다
불에 타 목숨을 잃는 사건이 일어났어요. 이 일을 계기로 여성 인권을 기리기 위한 '세계 여성의
날'이 제정되었지요. 매년 3월 8일 '세계 여성의 날'에 여러 시민 단체들은 기념 행사를 벌이고
있어요.

모양에 따라 얼굴과 가슴까지 가리는 것과 얼굴을 드러내는
것 두 가지로 구분됩니다. 차도르는 머리와 몸을 모두 가리는
망토이고, 부르카는 머리에서 발목까지 덮어서 신체의 모든
부위를 가리는 형태예요.

이슬람 사회에서는 여성이 신체를 노출하는 것을 부도덕한
것으로 여긴답니다. 최근에는 히잡을 비롯한 전통 의상이
여성을 억압하는 수단이라 하여 착용하지 않는 여성들도
있어요. 하지만 여전히 전통 복식을 고수하는 사람들도
많아요.

히잡을 두른 이슬람 여성의 모습

인도의 사티 풍습

'사티'는 남편이 죽으면 살아 있는 아내를 죽은 남편과 함께
화장하는 것을 말해요. 이 풍습은 여성에게 엄청난 희생을
강요하는 너무나 잔인하고 강압적인 행위입니다.

많은 사람들이 살인과 다를 바 없는 이 풍습을 금지하기
위해 캠페인을 벌였답니다. 그리고 마침내 지금은 사티가
금지되었어요.

사티로 숨진 여성의 흔적이 서려 있는 벽면

둘   여성의 권리는 인권

제4차 세계 여성 회의 총회에서 힐러리는 '여성의 권리는
인권'이라고 연설했어요. 힐러리처럼 세계적으로 영향력을
발휘하는 여성들도 있지만, 여전히 여성은 남성과 동등한
대접을 받지 못하는 경우가 많아요.

여성들이 인권을 요구하기 시작한 것은 그리 오래되지
않았어요. 1848년에 최초로 뉴욕에서 세계 여성 권리
대회가 열리게 되었답니다. 이 대회에서 여성들은 사회
구성원으로 국민의 대표를 선출할 수 있는 권리인 참정권을
요구했어요. 그 후 참정권 획득을 위해 협회가 결성되고,
1920년이 되어서야 여성 참정권을 인정받게 되었답니다.

여성의 자유를 침해하는 이슬람 전통 복식을 반대하는
시위

셋 **남녀평등을 위한 올바른 인식**

법으로는 남녀의 평등을 인정하고 있지만 여성들은 아직도
차별받는 경우가 많아요. 여성과 남성을 동등하게 바라보지
않는 사람들의 인식이 남녀평등을 이루는 데 가장 큰
걸림돌이랍니다. 진정한 남녀평등을 이루려면 여성과 남성
모두 남녀평등에 대한 올바른 인식을 가져야 하고 서로를
이해하려는 노력을 기울여야 합니다.

여성과 남성의 차이

여성과 남성은 신체 구조부터 달라요. 남성은 신체적 능력이
여성보다 낫지만 그것이 사회적으로 우위에 있다는 것을
의미하지는 않아요. 남성이 힘으로 경쟁력을 갖는다면 여성은
정서적 성숙도와 섬세한 면에서 이점을 가지고 있어요.
1974년 맥코비와 재클린 박사는 남녀 차이에 관한 연구를
발표했어요. 연구에 의하면 여성은 남성보다 언어 능력이
우세하고, 남성은 여성보다 시각 · 공간 능력과 수리력이
우세하지만, 이외에는 남녀의 차이가 입증되지 않았다고
합니다. 결국 능력은 개인의 차이일 뿐 여성과 남성의
차이로 인식해서는 안 되는 것이지요. 따라서 우리는
차이와 차별을 구분하려는 노력이 필요하답니다.

남자와 여자가 성별이 다르다는 이유로 차별
받지 않고, 법률적 권리나 사회적 대우를 동등하게
받도록 남녀평등법을 제정했습니다.

who? 지식사전

평등이란 무엇일까요?

평등의 사전적 의미는 권리와 의무, 자격 등이 차별 없이 고르고 한결 같은 상태를 말합니다. 즉 평등은 모든 인간이 동등한
자격을 갖추고 있으며 동등한 대우를 받아야 함을 뜻하지요.
모든 인간은 출생하면서부터 인간으로서의 존엄성을 갖게 되며, 자유와 행복을 추구할 수 있는 권리를 가집니다. 동시에
자신의 잠재력을 최대한 발휘할 수 있도록 사회적 기회를 균등하게 보장받아야 합니다.

넷   내 주위에는 어떤 차별이 있을까요?

여러분은 차별을 받은 적 있나요?
다음의 예를 보면서 학교나 집에서, 혹은 친구에게 느꼈던
차별과 편견에 대해 생각해 봅시다.

- 집안일은 여자가 해야 된다며 딸에게만 심부름을 시킬 때
- 남자는 장난이 심해도 씩씩하다고 말하고 여자는 얌전하지
  못하다고 꾸지람을 들을 때
- 반장은 꼭 남학생을 시켜야 한다고 생각할 때
- 남자는 남자답게, 여자는 여자답게라는 말로 행동을 제약할 때

주변에서 흔히 볼 수 있는 상황이 차별이 되기도 하지요?
여러분 스스로 차별의 예를 찾아보고, 친구나 부모님과
토론하며 문제점을 해결해 보세요.

혹시 나도 누군가를
차별한 적이 있는지
생각해 봐.

남녀평등을 의미하는 그림

다섯   성차별을 없애는 방법

성차별을 없애기 위해서 가장 먼저 국가가 차별에 대한
제도적인 뒷받침을 마련해야 해요. 직장 안에서 불합리한
차별을 없애기 위한 구체적인 대책을 마련하고, 대중매체
등에서 여성을 비하하는 프로그램은 없는지 점검해야 합니다.
가정에서는 효율적인 가사 분담을 통해 남녀평등을 실천해
나가야 한답니다. 여성의 권리는 여성만 주장한다고 되는
것이 아니에요. 또한 남성을 적대시한다고 해결되는 문제도
아니고요. 여성과 남성이 서로를 이해하고 함께 노력할 때에
모두가 평등한 사회가 온답니다.
"모든 여성은 하늘이 부여한 잠재력을 실현할 기회를 누릴
자격이 있습니다. …… 인권이 여성의 권리이고 여성의
권리가 바로 인권입니다."

       — 제4회 유엔 세계 여성 회의, 힐러리의 연설문 중에서

차별 없는 사회를 희망하는 사람들
ⓒ BlueFireIceEyes

4 절대 좌절하지 않아

힐러리!

폴 칼슨 선생님!

존스 목사의 일은 유감이구나.
너희들을 위해서 어쩔 수 없었어.
그는 학생들에게 이상한 사상을
가르치려고 했어.

더 이상
방치할 수가
없었단다.

선생님 뜻은
이해해요.

이해해 주니
고맙구나.

*AuH₂O: Au는 금의 원소 기호이고 H₂O는 물의 분자식으로, 골드워터라는 이름에 착안해 당시 선거 운동원들이 사용했던 단어

어휴, 저런 생각을 가진 애들이
학생 회장이 된다니,
생각만 해도 끔찍해.

벳시! 나도 이번
학생 회장 선거에
출마할까 해.

뭐라고?

참아! 지금까지
여자가 학생 회장이
된 경우는
한 번도 없었어.

그러니까 내가
하겠다는 거야.

여자도
도우미가 아니라
학생 회장이 될 수 있다는 걸
보여 주고 말 거야.

히, 힐러리!

학생과 학교 사이에도
거대한 벽이 놓여
있습니다.

제발 잘해야
할 텐데…….

저를 뽑아 주시면
학생들의 의견을
통합하고

학교와 학생들 사이를 잇는
다리 역할을 충실히
해 나갈 것입니다.

여러분! 저를
믿어 주십시오!

정말 멋지다!

우리 학교에
저렇게 연설을
잘하는 아이가
있었다니!

학생들 반응이 꽤 좋은데?

이러다가 너 학생 회장 못 되는 거 아냐?

그런 일은 없을 테니 걱정 마라!

여자도 학생 회장이 될 수 있다는 생각은 헛된 공상일 뿐이라는 걸 똑똑히 보여 주지.

잘했어. 힐러리! 네가 이렇게 훌륭하게 연설을 해낼 줄 몰랐어.

고마워. 벳시!

어렸을 때 어머니한테 두려움을 극복하는 법을 배웠기에 포기하지 않고 해낼 수 있었어.

힐러리 클린턴

힐러리는 눈이 아주 나쁩니다.
안경을 안 쓰고 오는 날에는
바로 앞에 있는 사람도 못 알아봐요.

학생 회장 일을 하다
실수라도 하면
어떡합니까?

하하하하!

그뿐이 아니에요. 힐러리는
선생님들한테는 잘 보이려고
기를 쓰지만, 학생들한테는
차갑기가 이를 데 없어요.

오죽하면 별명이
냉장고 수녀겠습니까?

그렇게 안 봤는데
실망이야.

말도 안 돼!
저런 터무니없는
인신공격을 하다니!

힐러리!
우리도 당하고만 있지 말고
똑같이 인신공격을 하자.

그러긴 싫어!

저런 인신공격에
속아 넘어가는 학생은
많지 않을 거야.

우리는 우리 일에
집중하자. 벳시!

하,
하지만.

여러분! 저를 지지해 주시면
좋은 면학 분위기를 만들도록
노력하겠습니다!

상대 후보들은 힐러리를 상대로
인신공격을 담은 부정적인 선거 운동을
펼쳤습니다.

이에 타격을 입은 힐러리는 결국 학생 회장 선거에 떨어지고 말았습니다.

우리가 떨어졌어. 힐러리!

거봐! 우리도 똑같이 인신공격을 하자고 했잖아.

네 말이 맞았어. 벳시!

다시는 바보같이 당하고 있지 않을 거야. 다시는!

학생 회장 선거 결과가 좋지 않았나 보구나.

꿈은 클수록 좋은 거란다.
호호호!

맞아요, 엄마.
헤헤!

가고 싶은 대학은
생각해 봤니?

예, 동부의 명문 대학인
웰즐리 여자 대학교에
가고 싶어요.

그렇게 먼 곳을?

제가 최초의
여자 대법관이 되길
바란다고 하셨죠?

그래.

그렇게 되기 위해서,
아니 그보다 더
나은 삶을 위한
선택이에요.

부디 절
믿어 주세요.

힐러리……

그래. 네 마음을 알겠구나.
널 믿는다. 내 딸!

엄마!

딱!

힐러리!
달려!

와아아아!

아, 햇살이
너무 뜨거워!

아무리 힘들어도
끝까지 달리는 거야!

힐러리와 아동 문제

어린이에게 관심이 많았던 힐러리가 정치인으로서 가장
관심을 기울인 것은 아동 문제였습니다. 그녀는 변호사
시절부터 아동의 복지를 위해 꾸준히 노력했어요. 이러한
힐러리의 활동은 제도적인 개선까지 이루어 더 많은 아동에게
건강 보험 제도를 제공할 수 있게 했고, 아동 입양률도
늘렸습니다. 지금도 그러한 노력은 계속되고 있지요.

힐러리는 아동 문제에 관심이 많은 정치인입니다.

하나 아동 인권의 역사

아동 권리 협약을 들어 본 적이 있나요? 아동 권리 협약은
아동의 권리를 정한 국제 조약으로 국내법과 동일한 효력을
갖고 있어요. 제1차 세계 대전을 겪으면서 사람들은 미래의
희망인 아동을 보호할 필요를 절실히 느꼈답니다. 그래서
1924년 국제 연맹 총회는 아동의 권리에 관한 제네바
선언을 채택했지요. 그 후 유엔은 이 제네바 선언을 확장하여
1959년에 아동 권리 선언을 만들었고, 1979년에 아동
권리 선언을 국제 조약으로 발전시켰으며, 1991년 9월 2일
국제법으로 공포했답니다.

who? 지식사전

1901년 뉴욕에서 벌어진 아동의 노동을 금지하는 시위

아동 권리 선언을 선포합니다!

1959년 유엔 총회에서 선포된 유엔(국제 연합) 아동 권리 선언으로
'세계 아동 인권 선언'이라고도 합니다.
아동의 기본적 인권, 무차별 평등, 기회 균등, 사회 보장, 우선적 보호,
학대 방지, 모든 착취에서의 보호, 위급 시 우선 구조, 고아 및 기아의
수용 구호, 혹사 금지 등의 10개조로 아동 보호를 통한 세계 평화에
기여하는 것을 목적으로 하고 있습니다.

둘 〉 노동하는 아이들

아동 인권을 보호하기 위한 국제법이 있어도
제대로 지켜지지 않는 경우가 많습니다.
초콜릿의 원료가 되는 코코아는 아프리카
어린이들의 노동 착취를 통해 만들어진 것이지요.
어린이들은 가족의 생계를 위해 하루 종일
농장에서 코코아 따는 일을 하고 있지만 합당한
임금과 교육 기회를 제공받지 못하고 있습니다.
달콤한 초콜릿 속에 아프리카 아이들의 땀과
눈물이 숨어 있어요. 앞으로는 이와 같이
아이들의 노동을 착취하고, 정당한 임금을
주지 않는 일은 절대 일어나서는 안 될
것입니다.

어린이들에게도 권리가 있어요.

셋 〉 세계 어린이들에게 희망을!

유엔은 1979년을 국제 아동의 해로 지정하고 인류의 지혜를
모아 세계 아동 문제를 해결하기 위해 노력하고 있답니다.
유엔 아동 기금인 유니세프를 중심으로 모든 어린이가 동등한
권리를 누릴 수 있도록 차별 없는 구호의 손길을 내밀고
있어요. 모두의 관심과 사랑의 손길이 확산된다면 고통받는
아이들은 점차 사라지겠죠!

나라별로
어린이날이
달라~

넷 〉 국제 어린이날

모든 어린이가 차별 없이 인간의 존엄성을 지닌 민주
시민으로서 바르고, 아름답고, 씩씩하게 자라는 것을
고취하기 위해 만든 기념일이 바로 어린이날이에요. 1925년
제네바에서 열렸던 아동 복지를 위한 세계 회의에서 6월

1일을 국제 어린이날로 정했답니다. 이후 1954년부터 유엔과 유네스코는 11월 20일을 세계 어린이날로 정하여 기념하고 있어요.

우리나라 어린이날의 유래

우리나라 어린이날의 시작은 1923년 5월 1일입니다.
3·1 운동 이후, 소파 방정환 선생은 어린이들에게 인권과 민족 의식을 불어넣기 위해 색동회를 만들었지요.
1923년 5월 1일, 방정환 선생과 8명의 인사가 모여 어린이날을 공포하고 기념 행사를 치렀답니다.
그러나 이후 같은 5월 1일에 열리는 노동절 행사가 일제로부터 심한 탄압을 받게 되면서 어린이날은 1927년부터 5월 첫째 일요일로 변경되었어요.
하지만 이마저 1937년 일제의 억압으로 중단되었다가 광복 이후인 1946년에야 다시 5월 5일로 어린이날을 정하고 행사를 갖게 되었답니다.

국제 어린이날을 알리는 포스터

who? 지식사전

착한 초콜릿과 착한 커피를 소개합니다!

시중에 유통되고 있는 많은 초콜릿과 커피가 어린이의 노동을 착취하여 만들어지고 있다는 것을 아나요? 하지만 착한 초콜릿과 커피도 있답니다. 공정한 무역 거래를 통해 노동자에게 정당한 임금을 책정·지불하고, 상품 판매 금액을 아동의 복지와 교육 사업에 사용하는 공정 무역 상품이 바로 그것이지요.

노동하는 세계 곳곳의 아이들

방글라데시 아이가 어른도 하기 힘든 돌 깨는 작업을 하고 있어요. © Shanjoy

공정 무역 조합에서 커피 열매의 과육을 분류하고 있습니다. © rohsstreetcafe

그러다 1957년에 이르러 대한민국 '어린이 헌장'이 선포됐고, 1970년부터 현재와 같이 공휴일로 지정되었답니다.

어린이 헌장, 아동의 권리를 선포하다

우리나라 최초의 어린이 헌장은 1957년 제35회 어린이날을 맞아 제정·발표되었습니다. 처음 발표한 단체는 한국 동화 작가 협회였고, 이를 정부가 보완하여 완성한 9개항으로 이루어졌지요. 그리고 이를 시대에 맞게 개정한 제2의 어린이 헌장이 1988년 11개항으로 다시 공표되었습니다.

어린이 헌장은 1923년 어린이날 선언문의 아동 존중 사상을 계승하고 있습니다. 따뜻한 가정에서 자랄 권리, 건강에 대한 권리, 즐겁게 놀 수 있는 권리 등 기본적인 아동 권리를 보호하고 있지요.

2016년, 보건복지부는 아동의 권리와 어른들의 책임을 규정한 '아동 권리 헌장'을 새로이 선포하였습니다. 이의 모든 조항은 '아동은…… 권리가 있다'는 형식으로 끝맺는답니다.

어린이날을 만든 방정환 선생의 동상

이웃 나라의 어린이날

일본의 어린이날

일본도 어린이날을 우리나라와 같이 공휴일로 지정하고 있는데, 특이한 점은 남자아이와 여자아이의 날이 따로 있다는 것이에요. 양력 3월 3일은 여자아이를 축복하고 기원하는 날(히나마쯔리), 5월 5일은 남자아이를 축복하는 날(고이노보리)이라고 합니다.

중국의 어린이날

중국의 어린이날은 4월 4일이었다가 1949년부터 6월 1일로 바뀌었어요. 중화 인민 공화국 국제 어린이날이라 하며, 지방마다 행사가 다르답니다. 쉬는 곳도 있고, 쉬지 않고 단체 활동을 하는 곳도 있어요. 중국에 합병된 홍콩은 여전히 4월 4일을 어린이날로 정하고 있답니다.

5 학생 회장이 되다

1965년 가을,
힐러리는 동부의 명문 대학교인
웰즐리 여자 대학교에 입학합니다.
힐러리가 대학을 다니던 1960년대는
흑인 민권 운동과 베트남 전쟁으로 인해
혼란스러운 시기였습니다.

당시의 사회적 분위기는
힐러리의 가치관에도 많은 영향을 끼치게
됩니다.

우리 학교는 능력 있는
여성을 길러 내는
백 년 전통의
교육의 요람입니다.

학칙이 까다로우니
명심하여 피해 보는
학생이 없기를
바랍니다.

옷차림은
단정해야 하고,
필수 과목은 반드시
수강해야 합니다.

그리고 일요일 오후
2시에서 5시 외에는
기숙사에 남자를
데려올 수 없습니다.

주말에 학교에서 멀리 나가거나
외박을 하려면 반드시 부모님의
동의서가 있어야 합니다.

대학생이면 자기 행동에
책임질 나이인데 꼭 저런
학칙이 있어야 하나?

몰랐어? 웰즐리 대학은
학생들에게 여성이 갖추어야 할
올바른 태도와 교양을 가르쳐
훌륭한 신붓감을 만드는 것이
목표인 곳이야.

훌륭한
신붓감이라고?

설마.

이 기사를 봐.
웰즐리 여대생들이
신붓감으로 최고라고
적혀 있잖아.

말도 안 돼!

그토록 벗어나고 싶었던
권위적인 문화를 대학에서까지
강요받아야 하다니!

학칙이 엄격한 곳이라서
보내 주는 거야. 조금이라도
학칙에 어긋난 행동을 하면
용서하지 않는다.

그렇게 힘들게
입학한 학교인데.

훌륭한 신붓감을
만드는 게 목표인
곳이었다니.

대학에 입학한 지 한 달이 지났을 무렵,
처음으로 집과 멀리 떨어진 곳에서 생활하게 된
힐러리는 외로움에 시달리며
무엇을 해야 할지 모르는 방황의 시기를
겪게 됩니다.

너무 힘들어.

학교에 적응하기가 너무 힘들어요. 엄마!

내게 한 말 있었니?

부디 절 믿어 주세요. 엄마!

무슨 일이 있어도 절대 포기하면 안 돼!

엄마!

그래. 이렇게 포기하는 건 나답지 않아.

다시 마음을 다잡고
대학 생활에 적응해 가면서
힐러리는 곧 지난날의 자신감을
되찾게 됩니다.

싸워서 되찾을 거야.
불합리한 제도에
짓밟힌 우리의
권리를.

시간이 지나면서 힐러리는
차츰 실천가로서의 모습을
드러내기 시작합니다.

말도 안 되는
학칙부터 없애야 해.

여기서 필수 과목
강제 수강 폐지 집회를
연다던데.

맞아!
제대로 찾아온
거야.

근데 모인 사람이
이것밖에 안 돼?

너무 적은 거 아냐?

의욕만 너무 앞섰나 봐. 참여하는 사람이 이렇게 적을 줄이야.

볼 거 없어. 그냥 돌아가자!

여, 여기 모인 학생들이 적은 이유는

학생들 대부분이 도서관에서 밤을 새며 학교에서 내 준 쓸데없는 숙제를 하고 있기 때문입니다.

우리는 훌륭한 주부가 되기 위해 웰즐리에 온 것이 아니라 한 사람의 이상적인 사회인이 되기 위해 온 것입니다.

우리를 옭아매고 있는 잘못된 학칙은 폐지되어야 마땅합니다!

짝 짝 짝

힐러리는 1학년 때, 웰즐리 대학의 공화청년회에 가입합니다.

모두 네가 차기 회장을 맡아 주기를 바라고 있어.

부탁해, 힐러리.

가입한 지 얼마 되지도 않았는데 어떻게 회장을 맡아요?

그런 건 중요하지 않아.

조직이란 건 가장 능력 있고 열정적인 사람이 맡아서 이끌어야 하는 거야.

회장이 된 힐러리는 공화청년회 학생들과 함께 공화당 후보를 위해 많은 일을 했습니다.

할 수 있지?

조, 좋아요. 해 볼게요.

매사추세츠주의 검찰 총장인 에드워드 브룩이 상원 의원에 출마하자 힐러리는 적극적인 선거 운동으로 당선을 도왔습니다.

당선 축하해요. 의원님!

모두 자네들 덕분이야.

알았어.
반드시 해내고
말거야.

저를 뽑아 주시면
잘못된 학칙을 폐지하는 데
앞장서겠습니다!

여러분의 뜨거운
지지를 부탁합니다.

힐러리에게
속지 마십시오!

뭐?

힐러리는 공화당 지지자입니다. 흑인 민권 운동과 베트남 전쟁에 대한 입장이 공화당과 똑같습니다.

힐러리는 학교나 사회의 변혁을 원치 않습니다!

지금은 급진적인 변혁의 시기입니다. 힐러리처럼 보수적인 생각을 가진 학생은 절대 학생 대표가 되어선 안 됩니다.

부정적인 인신공격을 하고 있잖아!

고등학교 땐 어이없이 당했지만 이번엔 호락호락하게 당하고 있지 않을 거야.

힐러리는 기숙사 방마다 돌아다니며 자신의 의견을 제대로 전하기 위해 노력했습니다.

난 맹목적으로 공화당을 지지하는 게 아냐. 민주당 대선 후보인 유진 매카시의 반전 운동을 지지하고 있거든.

그렇구나.

우린 널 믿어. 힐러리!

반드시 잘못된 학칙을 폐지시킬 테니 날 지지해 줘.

응.

힐러리! 선거 운동은 잘되어 가니?

엘리너!

네가 민주당 후보인 유진 매카시를 지지한다는 얘길 듣고 나도 널 지지 하기로 했어.

응. 난 흑인 민권 운동과 베트남 전쟁에 관해서는 공화당의 정책에 동의 하지 않아.

왜 그래? 힐러리!

키, 킹 목사님이 저격을 당하셨어!

어떻게 그럴 수가!

이 세상은 모두 한 이웃입니다. 인생의 목적은 행복을 추구하는 것만이 아니에요.

하나님이 우리에게 부여한 뜻에 따라 사는 것, 그것이 진정한 목적입니다.

목사님!

충격적인 현실을 경험한 힐러리는 예전에 비해 많이 달라졌어요. 자신의 의견을 주장하는 것을 더 이상 두려워하지 않게 되었습니다.

킹 목사님의 죽음과 관련된 집회에 참석할 거야.

힐러리는 광장에서 열린 대규모 항의 시위와 애도 행진에 참가했습니다.

그리고 교내에서도 집회를 이어 갔습니다.

흑인 학생의 입학 제한을 폐지하라!

폐지하라! 폐지하라!

정확한 요구 사항이 무엇인가요?

유색 인종의 정원을 제한하는 것은 차별입니다. 흑인 학생들의 입학 제한을 없애 주세요.

힐러리는 학교가 방침을 바꾸어 흑인 학생들의 입학 정원을 늘리는 데 크게 기여합니다.

그 문제에 대해 진지하게 검토해 보도록 하죠.

흑인 민권 운동과 베트남 전쟁을 거치면서 힐러리의 정치적 성향은 점차 민주당으로 바뀌어 가기 시작합니다.

필수 과목 강제 수강 제도와 낡은 학칙들을 폐지해 주세요.

또 다른 요구 사항이 있어요.

학교가 부모를 대신 하려는 낡은 학칙은 모두 폐지되어야 마땅합니다.

웰즐리의 전통을 다 바꾸려는 건가요?

우린 어린아이가 아닙니다. 어른답게 대해 주세요.

!

힐러리가 학생 회장으로 있는 동안 필수 과목 강제 수강 제도와 시대에 뒤떨어진 학칙들이 대부분 폐지되었습니다.

낡은 학칙을 폐지하라!

엄마! 아빠!

힐러리 왔구나!

흥.

어디서 고약한 민주당원 냄새가 나는구나.

오랜만에 온 딸한테 그게 무슨 말이에요?

민주당의 유진 매카시를 지지하고 공화당의 정책엔 사사건건 반대를 한다지?

전쟁을 확대하는 것은 분명 잘못된 판단이에요.

지금 이 순간에도 수많은 젊은이들이 전쟁터에서 죽어 가고 있어요.

우리가 젊었을 때도 나라를 위해 싸웠어.

그런 고귀한 희생이 있었기에 오늘날 너희들이 편히 살고 있는 거야.

하지만 피할 수 있는 전쟁을 무리하게 진행하는 것을 진정한 애국이라 할 수 있을까요?

민주당원 같은 말을 잘도 지껄이는구나. 꼴도 보기 싫으니 당장 나가거라!

가서 허락을
구해 보자.

안 됩니다.
지금까지 졸업식에서
학생이 연설한
전례가 없어요.

더구나 이미
에드워드 브룩 상원 의원이
연설하기로
되어 있어요.

그래도 할 수 있는
방법이 있지 않나요?

없습니다.

좋습니다. 그렇다면
저희들만의 졸업식을 따로
거행하겠습니다.

뭐라고?

엄마!
졸업식 때 제가 학생 대표로
연설을 하게 되었어요.
꼭 오셔서 지켜봐 주세요.

정말 장하구나. 하지만 엄만
몸이 아파서 갈 수가 없을 것 같아.
의사가 여행은 피하라고
했거든.

나도 못 간다.
아니 안 간다!

고약한 민주당원 냄새가
나서 네 졸업식에는 가고
싶지가 않아.

아, 아빠!

여보! 그러지 마세요.
힐러리가 연설을
한다잖아요.

흥!

어린 시절 저는 오직 아빠한테 잘 보여야겠다는 생각만으로 살았어요.

하지만 지금은 제가 반드시 지켜야 하는 소중한 가치들이 있다는 사실을 알게 되었어요.

아빠를 너무도 사랑하지만 제 신념을 결코 버릴 수가 없어요.

이런 모습 또한 아빠 엄마로부터 물려받은 제 모습이니까요.

제 목숨이 다하는 날까지 아빠를 사랑할 거예요. 키워 주셔서 고맙습니다.

히, 힐러리!

미국과 우리나라의 의회 제도

고대 그리스 아테네에서는 한 사람씩 모두 의견을 내어 나라를
다스리는 '직접 민주 정치'를 했어요. 하지만 인구가 많아지고
나라의 면적이 커지면서 직접 민주 정치가 불가능해졌지요.
그래서 대표를 뽑아 의견을 내는 '간접 민주 정치'를 하게
되었답니다. 간접 민주 정치에서는 국민에 의해 선출된
대표(의원)들이 의회를 통해 국민의 의사가 실현되도록
합니다.

미국 연방 정부의 입법부인 미국 의회가 있는
미국 의회 의사당. 워싱턴 D.C.에 위치해 있습니다.

하나 미국의 의회 제도

미국의 의회는 상원과 하원으로 구성된 양원제로 운영되고
있어요. 하원에서 먼저 법안을 발의·심의하여 의결되면
상원에서 재심하고 통과시켜 비로소 법적 효력을 가지게
된답니다. 상원이 거부하면 그 법안은 다시 하원으로
돌아가게 되지요.

who? 지식사전

'정당'은 '의회'에 진출하여 그 뜻을 실현하
는 것이 목표입니다.

'정당'과 '의회'의 차이

정당은 정치적 의견이 같은 사람들이 모여 자신들의 정책 실현을 목적으로 조직한
단체예요. 국민에게 자신들의 의사를 전하여 세력을 넓히고, 선거를 통해 정치적
뜻을 이루는 것이지요.
정당은 정권 획득을 목적으로 한다는 점에서 이익 집단과 다른 민주적 조직이며,
국민 전체의 이익을 대변한다는 점에서 당파와 달라요. 또한 정치적 책임을 지고
국정을 담당한다는 점에서 시민 단체와도 다릅니다.
의회는 국회와 같은 의미로, 민주 국가에서 입법부를 말해요. 법을 제정하며,
행정부를 감시하고 견제하는 역할을 한답니다. 의회는 국민에 의해 선출된
대표들로 구성되는데, 이들을 국회 의원이라 불러요.

그러나 상원이나 하원 모두 행정부나 사법부 관리를 직접 임명하거나 선택할 수 있는 헌법상의 권한은 갖고 있지 않답니다.

미국 의회의 성립과 변천

미국 의회가 지금의 형태로 발전하게 된 것은 1760년대 미국의 독립 혁명부터예요. 미국 의회는 진보파와 보수파 두 개의 파로 나뉘어져 진보파는 지방 분권을 주장하며 근로자층과 농민층의 의견을 대변하였고, 보수파는 중앙 집권주의를 주장하며 상공업자와 대농장주들의 이익을 대변하였죠. 1787년에 제정된 연방 헌법을 통해 의회의 양원제 채택을 명시하고, 상원과 하원이 회의를 하여 의결이 서로 일치될 때에 의회의 의결 사항이 효력을 가지게 하였답니다.

의원들은 늘 국민의 소리에 귀 기울여야 해요!

상 · 하원 의원의 선출 방식

상원은 각 주의 인구와 상관없이 2명을 선출하고, 하원은 주 별로 인구에 따라 의원의 수를 정해 선출한답니다. 하원은 총 435명의 개별 의원이 지역을 대표하며 임기는 2년이에요. 상원은 총 100명의 개별 의원이 6년 임기로 일하는데 2년마다 3분의 1을 다시 선출해요. 상원은 선거구가 상대적으로 넓고 복잡해서 주 단위나 전국적 이익을 대변하기 쉽고, 임기가 길어 재선에 구애받지 않고 활동할 수 있답니다.

상원과 하원은 파트너 관계

상원과 하원은 지위가 높고 낮음을 구분할 수 없어요. 그들은 입법 과정에 있어 대등한 관계랍니다. 상원과 하원 모두의 동의 없이는 법률이 제정되지 않으니까요. 상원은 조약에 대한 승인 권한과 대통령의 임명에 대한

미국의 선거 유세. 빌 클린턴 전 대통령이 유세를 펼치고 있어요.

승인 권한을 갖고, 하원은 세입 징수에 관한 법률안을 먼저
제안하게 되어 있어요. 또한 하원은 탄핵 권한을 갖으며
상원은 탄핵 심판권을 갖는답니다. 따라서 둘은 늘 파트너
관계를 유지하며 국정 운영이 바르게 되고 있는지를 잘
판단해야 된답니다.

둘 미국의 의회 제도 VS 한국의 의회 제도

미국과 한국은 공통적으로 국민의 대표를 선출하는 의회
제도를 채택하고 있어요. 차이점도 있는데 미국은 양원제를,
우리는 단원제를 지향합니다.

우리나라의 국회는 단원제로 모든 국회 의원이 똑같이 법안을
발의할 수 있는 권리를 가져요. 또한 국회의 정당 대표는 미국
의회의 당 대표와 달리 국회 의원 선거 시 후보를 지목할 수
있는 공천권을 가지고 있어요.

미국 의회와 한국 의회의 차이는 국토의 넓이와 인구의
차이에서 비롯되었습니다. 우리나라에 비해 지리적으로 넓고
인구가 많은 미국은 국민의 직접 투표를 실시하는 것이 어렵기
때문이에요.

같은 의회 제도라도
많은 것이
다르구나.

who? 지식사전

선거인단이 확보된 주는 자신들만의
색깔로 표시해요.

미국의 대통령 선거 방식

미국의 대통령은 선거인단의 간접 선거에 의해 이루어져요. 먼저
유권자들이 예비 선거나 지방 당원 대회를 통해 각 당의 대통령 후보를
지명할 대의원(선거인단)을 뽑아요.

뽑힌 대의원은 전당 대회에 참석하여 대통령 후보를 선출하고, 대통령
후보는 본격적으로 선거 운동을 벌입니다. 즉, 국민은 대통령을 뽑는
것이 아니라 선거인단을 뽑고, 뽑힌 선거인단이 대통령을 뽑는 것이지요.
선거인단 수를 많이 확보한 후보가 대통령이 되는 것이랍니다.

국회의 역할과 특징

국회는 민주주의 국가 운영의 핵심인 법률을 제정하고 수정하는 일을 해요. 정부가 한 해 동안에 쓸 예산을 세우고 지출을 바르게 썼는지를 검사하며, 정부 기관이나 공무원들이 법에 정해진 바에 따라 일을 하는지 국민을 대신해서 감시하고 견제하죠. 또한 국제 사회에서 체결한 조약과 계약 내용을 확인하고 동의하며 청문회, 공청회, 세미나, 신문, 방송 등의 여러 경로로 국민의 의견을 들어 이를 정부에 전하는 역할을 한답니다.

서울 여의도에 있는 우리나라 국회 의사당 ⓒ frakorea

국회의 구성원, 국회 의원

국회 의원 후보는 만 25세 이상의 국민이면 누구나 가능하며, 4년의 임기로 지역구 의원과 비례 대표 의원으로 구성된답니다. 국회 의원은 불체포 특권, 면책 특권을 가지며 청렴과 국익 우선의 의무를 지니고 있어요. 국회 의원의 정수는 지역구 의원 253명과 전국구 의원 47명을 합해서 300명이랍니다. 국회 의원이 하는 일은 법률을 제정하거나 개정하는 일, 나라의 예산을 심의 · 의결하는 일입니다. 또한 각 정당에 속한 국회 의원들이 서로의 정책을 심의 · 감사하며 나라에 관한 일들이 바르게 이루어지고 있는지를 확인한답니다.

지역구 의원과 비례 대표 의원

지역구 의원은 전국을 여러 지역으로 나누어 각 지역별로 주민들이 투표해서 직접 선출한 의원이에요. 비례 대표 의원은 전국구 의원을 말하는데, 국민의 여론을 공정하게 반영시키기 위해 전문적인 지식을 갖춘 사람을 각 당의 추천으로 뽑는답니다. 비례 대표 선거도 지역구 의원 선거와 함께 진행되며 정당별 득표 비율에 따라 각 정당에 의석을 분배합니다.

국회 본회의는 국회의 의사를 최종 결정하는 곳입니다.

6 소외된 이들 편에 서서

힐러리는 1969년 가을, 예일 대학교 법학 대학원에 입학했습니다. 예일 대학교 학생들은 민권 운동과 반전 운동, 여성 운동과 같은 사회 문제에 적극적이었어요.

베트남 전쟁이 이웃 나라인 캄보디아까지 확대될 모양이야.

우리도 반전 운동에 나서야 해.

하지만 폭력 시위는 반대야.

힐러리! 너도 시위에 참석할 거지?

간디나 킹 목사의 비폭력 저항 운동이야말로 많은 사람들의 공감을 불러일으키거든.

응.

맞는 말이긴 하지만
사람들의 분노가 워낙
극에 달해 있어서
지켜질지 모르겠어.

그래.

정부는
흑표범당 탄압을
중단하라!

중단하라!

베트남 전쟁을
중단하라!

중단하라!

중단하라!

큰소리는 쳤지만
돈을 못 받으면
학비가 문제야.

얼마 후, 힐러리는
'법학도를 위한 민권 연구 위원회'에서
보조금을 받게 되어 월급을 받지 않고도
일을 할 수 있게 되었습니다.

농장에서 일하는
이주민 자녀들의 교육과
건강에 관해 조사해
주세요.

네.

내 거야.
이리 내!

형아 미워.
앙앙!

애들아, 싸우지
말고 사이좋게
지내야지.

*영성체: 성체를 받는 가톨릭 의식

아아!

정말 고마워요.
ㅎㅎ흑!

마리아!

힐러리는 조사를 하면서
가난한 아이들의 현실에 대해
많은 관심을 가지게 되었습니다.

우리는 그만
가자꾸나.

네. 엄마!

네가 계속 나를 그렇게
쳐다본다면 나도 너를
쳐다볼 거야.

내, 내가
뭘?

아까부터 계속
나를 쳐다
봤잖아?

저 아이는
누구야?

힐러리라고 졸업식 연설을
해서 잡지에도 실렸던
유명한 학생이야.

그리고 보니 빌,
너 꽤 관심 있는
표정인걸?

내, 내가
뭘.

힐러리와 클린턴은 이듬해 봄에
다시 만나게 되고 곧 좋아하는 사이로
발전합니다.

여성 리더

힐러리를 포함한 미국 여성 의원들

하나 〉 세상을 이끄는 여성 리더들

힐러리 클린턴이나 오프라 윈프리와 같은 여성 인재들이
등장하면서 세계는 여성 리더들을 주목하기 시작했답니다.
여성 리더들은 지금도 각계각층에서 활동력과 그 범위를
넓히며 주목받고 있습니다. 대표적인 여성 리더에는 누가
있는지 한번 살펴볼까요?

마거릿 대처

"정치에 대해 무엇인가 듣고 싶으면 남자들에게 물어보라.
하지만 그것이 실행되기를 바란다면 여자들에게 물어라."
마거릿 대처는 1979년부터 11년간 영국 최초의 여성 총리로
재임했어요. 우리나라로 치면 여성 대통령인 셈이지요.
그녀는 '철의 여인'이라는 별명이 붙을 만큼 철저한
반공주의를 추구하며 과감한 시장 경제를 도입하여 경제
위기에 놓였던 영국을 재건했답니다.

메리 로빈슨

"이제는 인권 분야에서 헌신하고 싶다."
1990년 선출된 아일랜드 최초의 여성 대통령이에요.
메리 로빈슨은 1997년 9월 임기 종료 3개월을 남기고 돌연
사퇴를 하고 인권 분야에서 일하겠다며 연임을 포기했답니다.
그 후 유엔의 인권 고등 판무관으로 활발한 활동을 했어요.
여성 차별이 심했던 유럽의 작은 나라 아일랜드에서 최초의
여성 대통령으로 당선되어 훌륭하게 나라를 이끌었고, 이제는
세계 인권 전문가가 되어 활약하고 있는 메리 로빈슨. 그녀는
어린이들에게 자신이 여자이기 때문에 약자를 위해 일하는
사람이 될 수 있었다고 말합니다.

영국 최초의 여성 총리 마거릿 대처

콘돌리자 라이스

힐러리 클린턴보다 앞선 2004년에 미국 국무부 장관을
지낸 인물로, 2001년에는 미국 조지 부시 대통령의 백악관
국가 안보 보좌관을 지냈습니다. 여성이며 흑인이라는
편견을 깨고 당당한 여성 리더로 뛰어난 능력을 인정받고
있습니다.

휴렛 패커드의 최고 경영자였던 칼리 피오리나

칼리 피오리나

칼리 피오리나는 한때 실리콘밸리의 여제라 불리며
강력한 리더십으로 휴렛 패커드의 최고 경영자를
지냈어요. 6년간 휴렛 패커드의 대표를 지내면서 경영난에
처해 있던 회사를 성공적으로 개혁하고, IT 산업의 리더로
만들었답니다.

앙겔라 메르켈

2005년 독일 역사상 최초의 여성 총리로 취임한 앙겔라
메르켈은 네 번째 연임에 성공하면서 위상을 다시 한번
높였어요. 동독 출신 정치인이라는 약점을 극복하고 조용한
카리스마로 세계 금융 위기를 무사히 넘기면서 당파를 초월한
여성 지도자라는 이미지를 굳혔답니다.

독일의 여성 총리 앙겔라 메르켈

who? 지식사전

의원 내각제와 총리

대통령제가 아닌 의원 내각제를 채택한 나라는 다수당의 대표가 수상이 되어
행정을 담당해요. 의원 내각제란 선거에 이긴 다수당이 정부의 내각(장관)을
구성하여 책임지는 것으로 통수권자는 총리이며, 명목상 국가 원수는 대통령이나
왕이랍니다.
의원 내각제를 채택하고 있는 일본, 영국, 네덜란드 등에서 국가를 운영하는
총책임은 총리에게 있습니다.

네덜란드 총리 공관

둘 나도 리더!

리더가 되는 사람이 따로 정해져 있는 것은 아니랍니다. 성공한 리더들의 방법을 알고 이를 실천하면 누구나 리더가 될 수 있어요. 미래의 리더가 되려면 어떻게 해야 할까요?

훌륭한 리더들의 공통점, 리더의 조건

하버드 경영 대학원에서는 리더의 세 가지 조건으로 인격, 판단력, 직관력을 꼽습니다.

첫 번째, '인격'은 리더에 대한 신뢰를 말하는 것으로, 신뢰와 존경이 없으면 리더로서의 영향력을 발휘하지 못하겠지요.

두 번째, '판단력'은 잠재력을 실현시키는 건전한 판단력을 말해요. 훌륭한 인격을 가지고 있어도 올바른 결정을 내리지 못하면 리더로서 자질이 부족한 것이죠.

세 번째, '직관력'은 흐름을 잘 파악하는 예리한 능력이에요. 일의 성격과 태도를 이해하고 어떻게 영향을 주고받으며 결과를 만들어 내는지 파악해야 다양한 환경에서도 쉽게 적응할 수 있답니다. 이러한 조건을 갖춘 리더들의 특징은 진실성, 도덕성, 용기를 들 수 있어요. 성공한 리더들은 비전과 확신, 열정을 가지고 일을 대하고 인내와 책임감을 가지고 맡은 일을 끝까지 해낸답니다.

좋은 리더는 말보다 행동으로 먼저 보여 줍니다.

who? 지식사전

리더에게 필요한 것

리더는 한 조직을 이끌어 가는 위치에 있는 지도자를 의미해요. 리더는 필요한 사람을 모으고, 구성원을 단결시켜 생산력을 극대화하는 사람이랍니다.
리더는 구성원 개개인의 꿈을 조직의 목표와 일치시켜 조직의 목표가 달성함과 함께 구성원 모두의 꿈이 이루어지도록 해야 해요. 그러기 위해서는 조직원의 힘을 하나로 모으는 통솔력이 필요한데, 이것이 바로 리더십이지요. 존중과 배려로 조직을 이끌어 조직과 개인의 목표를 달성하게 하는 지도력이야말로 최고의 리더십이랍니다.

셋 ⟨ 리더십을 기르기 위해 해야 할 일

첫째, 자신을 책임질 줄 알아야 해요

남아프리카 공화국의 대통령 넬슨 만델라는 '나는 내
인생의 주인, 내 영혼의 선장'이라고 말했습니다. 현재
자신이 맡은 일이 있다면 스스로 책임자가 되어 문제를
해결하려는 노력을 합시다.

둘째, 독서를 많이 해요

독서는 창의력과 상상력을 키워 주고 지식을 쌓을 수
있는 가장 쉬운 방법입니다. 세계의 많은 지도자들은
학교는 다니지 않았더라도 독서는 누구보다 많이
했답니다. 독서만큼 미래의 경쟁력을 길러 주는 것은
세상 어디에도 없지요.

많은 성공가들이 독서의 중요성을 강조합니다.

셋째, 상대방을 존중하고 이야기에 귀를 기울여요

상대방을 이해하려면 먼저 상대방에게 관심과 존중을 보이고
이야기에 귀 기울여야 합니다. 먼저 존중할 줄 아는 사람이
존중받을 수 있습니다.

넷째, 긍정적인 생각을 가져요

행동은 생각을 따라갑니다. 부정적인 생각을 가지고 하는
행동은 나쁜 방향으로 흐르고, 긍정적인 생각을 가지고 하는
행동은 좋은 방향으로 흐르게 만든답니다. 그러니 "싫어.",
"안 돼.", "못 해."와 같은 말보다 "할 수 있어.", "좋아."라는
말을 많이 하도록 하세요.

다섯째, 실수를 비난하지 말고 칭찬은 아끼지 말아요

상대방이 실수를 해도 비난하기보다는 격려를 하고, 칭찬할
일이 있으면 마음껏 칭찬해 주세요. 비난은 친구와 멀어지게
만들지만 칭찬은 새로운 친구를 만들어 주는 주문이랍니다.

긍정적인 생각은
긍정적인 결과를
끌어오는 법이지.

7 빌 클린턴의 아내

학업을 마친 힐러리와 클린턴은 각자의 길을 가게 되었습니다. 클린턴은 정치 관련 일을 하기 위해 아칸소로 갔고, 힐러리는 에들먼이 새로 설립한 아동 보호 기금에서 변호사로 일하게 되었습니다.

변호사님! 전화 받아 보세요.

저는 존 도어입니다. 대통령 탄핵 조사 실무 팀을 지휘하고 있습니다.

힐러리는 계획하지 않았던 대통령 탄핵 조사 작업에 참여하게 됩니다.

리처드 닉슨 대통령에 대한 탄핵 조사를 위해 열정적인 변호사 다섯 분을 찾고 있는 중이에요.

!

대통령 탄핵이요?

역사적인 현장을
경험할 수 있겠구나.

하실 의향이
있습니까?

네.

탄핵 조사 일 잘 마무리 짓고 와.
아칸소 대학에서 너한테 강의를
맡아 줬으면 하는 것 같아.

대학 강의?

힐러리는 탄핵 조사를 하는 과정에서
엄청나게 많은 양의 고된 법률 작업을
처리해야만 했어요.

그동안 미국에서 있었던
탄핵 사건을 조사하고
참고할 만한 판례가 있는지
알아보세요.

네.

하루도 쉬지 않고 18시간씩 일하는
고된 일정이었지만 힐러리는
성실하게 소화해 냈습니다.

하지만 닉슨 대통령이 판정을
받기 전에 대통령직에서 물러나는
바람에 탄핵 조사 작업은 도중에
끝이 나게 됩니다.

모두 수고 많았어요.
여러분들의 노고로
이만큼의 결실을
얻게 되었습니다.

힐러리,
넌 이제 뭐
할 거야?

아칸소 대학에서
학생들에게 형법을
강의하기로 했어.

몇 년 뒤, 클린턴은 힐러리에게
청혼을 하고 힐러리의 승낙으로
두 사람은 마침내 결혼을
약속합니다.

너를 위해 산 집이야.
나 혼자 이 집에서 살 수
없으니 나랑 결혼해 줘.

주님께서
이 두 사람의 앞날에
축복을 내려 주시기를
간절히 바랍니다.

결혼한 후에도 클린턴의 성을 따르지 않고 로댐이라는 성을 계속 사용하겠다고?

네.

이해해 주세요.

어떻게 그런 말도 안 되는 결정을 할 수가 있어? 부인이 남편의 성을 따르는 건 우리의 전통이야.

반드시 그래야 할 의무는 없다고 생각해요.

행여 네 남편한테 안 좋은 영향이라도 끼치면 어쩌려고 그러니?

만약 그런 일이 생기면 모두 네 책임인 줄 알아라!

결혼한 뒤, 집안일은
두 사람 공동의 몫이었어요.
그리고 서로의 공적인 활동을
방해하지 않도록 노력했습니다.

빌 클린턴은 결혼한 후에
승승장구하여 아칸소주 검찰 총장에
당선됩니다.

그리고 2년 뒤, 빌 클린턴은
서른 두 살의 나이로 아칸소주
주지사에 당선됩니다.

1980년에는 힐러리와
빌 클린턴 사이에 예쁜 딸
첼시가 태어났습니다.

사랑스런
우리 아기!

수고 많았어요.
여보!

그런데 마냥 행복할 것만 같았던 두 사람 사이에 예상치 못한 불행이 시작됩니다.

아니!

여보! 나 주지사 재선에 실패했어!

빌 클린턴은 주지사 선거에서 재선에 실패하고 절망에 빠졌습니다.

주지사 부인 힐러리는 왜 남편 성을 따르지 않는 거야?

옷차림에도 전혀 신경 안 쓰고 사교 모임에도 안 나간대.

쯧쯧! 이 지역 주민들이 그런 걸 얼마나 싫어 하는지 모르는군.

이럴 수가!

나 왔어요.

왔어?

바꿀게요.

뭐라고?

지금부터
내 이름은
힐러리 로댐
클린턴이에요.

그리고 다음 주지사 선거에서
당신이 당선될 수 있도록
최선을 다해 도울게요.

여, 여보!

그러니 더 이상
절망하지 말고 힘내요!

고, 고마워요.
여보!

1982년,
빌 클린턴은 주지사 선거에 재출마할
것을 발표합니다. 그리고 힐러리는
전과는 다른 태도로 남편을 도왔습니다.

힐러리와 빌 클린턴은 선거 운동에
온 힘을 쏟았으며, 힐러리는 빌이
낙심하고 힘들어 할 때
그를 지지하고 격려했습니다.

힐러리의 헌신적인 노력으로 마침내
빌 클린턴은 재선에 성공합니다.

클린턴! 클린턴!

고마워요. 여보!
내가 다시 주지사가
될 수 있었던 건 모두
당신 덕분이에요.

도와주는 김에
공약으로 내걸었던
교육 개혁을 당신이
맡아서 하는 게
어떻소?

알았어요.
그 분야라면 자신 있어요.

아칸소주의 공립 교육 수준은 전국 평균보다 현저히 낮았습니다. 그래서 힐러리는 이를 개선하기 위해 문제점을 찾아 구체적인 계획을 세워 나갔습니다.

주 정부가 학생들의 성적 향상을 전적으로 책임지는 게 좋겠어요.

모든 학교에서 학생들의 학력 테스트를 실시해서

15퍼센트 이상의 학생이 불합격한 학교는 주에서 실시하는 개선 계획에 참여 시키는 거예요.

그거 좋은 생각인걸.

참, 초등학교 학급당 학생 수도 줄여야 해요.

의무 교육을 17살까지 연장하고

교사들에게는 테스트를 실시할 거예요.

역시 당신은 교육에 관해선 최고의 전문가라니까! 하하하!

이런 내용의 개혁안을 들고 힐러리는 아칸소주 전체를 돌며 연설회를 열었습니다.

이 교육 개혁안은 아칸소주에 뿌리를 내리게 되었고, 덕분에 학교 교육 수준이 크게 향상되었습니다.

아칸소주에서 교육 개혁 하나는 딱 부러지게 하는군.

이를 인정받은 힐러리는 전미 사회 사업가 협회의 아칸소 지부로부터 '최우수 시민상'을 받았습니다.

모든 개혁안은 힐러리가 주도한 것입니다.

그렇군. 대단한 인물이야.

지역 신문인 〈아칸소 데모크라트 가제트〉에서는 힐러리를 '올해의 최우수 여성'으로 선정했습니다.

힐러리는 변호사로서도 능력을 발휘해 1991년에는 '미국의 가장 힘 있는 변호사 100명'에 뽑혔습니다.

수고 많았어요. 여보!

아녜요.

좋은 계획이 또 생각났어요.

뭔데요?

취학 전 아동을 위한 가정 교육 프로그램에 관한 거예요.

소득이 낮은 가정에 미취학 자녀들이 많이 있는데, 그들에 대한 교육의 필요성과 방법을 고민해 봤어요.

이 계획이 실제 정책에 반영되었으면 좋겠어요.

가난한 아이들과 교육에 관한 당신의 관심은 끝이 없군. 당신이 원하는 대로 다 하겠소.

미국의 오늘을 만든 역사

하나 ▷ 냉전 시대(1947~1991년)와 탈냉전 시대

냉전이란 사회주의 진영과 자본주의 진영 간의 갈등이나 군사적 위협이 도사리는 권력 투쟁을 말해요. 냉전 시대는 무기를 사용하지 않는 대신 경제, 문화, 과학, 사회 등의 모든 분야에서 발전 정도를 경쟁하는 시기였어요. 제2차 세계 대전 이후 미국과 소련을 중심으로 본격화되었지요. 소련은 소비에트 블록을 만들어 세력을 확장하기 시작했고, 미국과 여러 서유럽 국가들은 소련의 세력이 확산되지 않도록 북대서양 조약 기구(NATO)를 만들었답니다. 우리나라도 이러한 냉전의 영향으로 6 · 25 전쟁과 분단이라는 아픔을 겪게 되었답니다.

1980년대 미국은 심각한 경제 침체를 겪었던 소련에 외교, 군사, 경제상으로 압력을 가하기 시작했어요. 결국 소련이 1991년 붕괴됨으로써 냉전 시대가 종식되었고, 이때를 탈냉전 시대라 부릅니다.

소련의 고르바초프 대통령과 미국의 부시 대통령이 냉전 시대를 끝내는 서약을 하는 모습

who? 지식사전

냉전의 원인

제1차 세계 대전 이후 유럽의 강국이었던 영국, 프랑스, 독일, 소련, 이탈리아 등의 세력이 약해지고 미국의 힘은 강해졌어요. 이런 상황에 경제 공황이 닥치면서 유럽과 미국, 소련은 공황에 대처하기 위해 협력하기로 했어요. 그래서 미국과 영국, 프랑스를 중심으로 한 자유 민주주의 세력과 독일, 이탈리아, 일본의 전체주의 세력, 소련의 공산주의 세력이 등장한답니다.
제2차 세계 대전 직전까지 각 세력은 팽팽한 관계를 유지하고 있다가 전체주의 국가들이 전쟁을 일으키면서 자유주의와 공산주의 세력이 손을 잡고 전체주의를 밀어내게 되었습니다. 전쟁이 끝나자 남은 두 세력은 자유 민주주의와 공산주의라는 이념의 차이를 보이면서 냉전이 시작되었답니다.

냉전 시대의 사건들

냉전 시대는 인류사에 굵직한 사건과 업적을 동시에
남겼어요. 미국과 소련이 서로 경쟁을 하면서
문화적 · 과학적인 발전이 두드러졌답니다.

아폴로 11호의 우주인. 달에 첫발을 디딘 사람은
닐 암스트롱입니다.

아폴로 11호, 최초로 달을 밟다!

미국과 소련의 냉전 시대는 우주 개발 경쟁이 극에 달해
있던 시기였어요. 소련이 최초로 유인 우주 비행에
성공하여 우주 개발에서 미국보다 한발 앞서 있었지요.
미국은 소련에 과학 기술이 뒤처질까 봐 우주 공학 기술
개발에 박차를 가했습니다. 1969년 아폴로 11호가 달
착륙에 성공하면서 미국은 이를 전 세계 TV로 생중계하여
위상을 과시하였어요.

매카시즘

1950년대 미국의 조셉 매카시라는 상원 의원이 국무부 안에
공산주의자가 있다는 발언을 했어요. 당시에는 미국과 소련
모두 위장한 간첩을 숨겨 두었는데, 이 사실이 공개되면서
미국에는 공산주의자들을 색출하는 사건이 일어났어요.
이를 조셉 매카시의 이름을 따서 매카시즘이라고 합니다.
매카시즘의 대상이 국무부를 넘어 사회로 뻗어 나가자 당시
사람들 사이에 불안과 의심이 자리 잡게 되었어요.

우주를 향해 발사되는 아폴로 11호

반전 시위 확산

미국과 소련이 직접적으로 전쟁을 벌인 적은 없지만 독일
베를린, 한국, 베트남 등에서 전쟁이 계속됐어요. 미국은
자유 민주주의 수호자를 자청하며 이들 전쟁에 참여하게
되었어요. 당시 젊은이들은 냉전과 전쟁을 반대하는 평화
시위를 벌였고, 중장년층 사이에는 전쟁 참여에 찬성하는
여론이 확산되어 세대 간 갈등이 일어나기도 했습니다.

전쟁 반대를 위한 평화 시위를 하러 모이는 사람들

미국 제42대 대통령 빌 클린턴

셋 ◀ 1990년대 – 빌 클린턴 재임 기간

힐러리 클린턴의 남편인 빌 클린턴이 1992년 미국의 제42대
대통령으로 당선되었어요. 불경기가 이어졌던 시기에
빌 클린턴 대통령은 경제 살리기에 몰두하며 많은 지지와
정치적인 인기를 얻었답니다. 그리하여 제43대 대통령까지
연임하게 되지만, 임기 말에는 스캔들로 인해 지지율이
하락하고 말았습니다.

넷 ◀ 2000년대 – 테러와의 전쟁 선포

2001년에는 미국 사회는 물론 전
세계를 경악하게 한 9 · 11 테러가
일어났습니다. 2001년 9월 11일,
이슬람 무장 테러 단체인 알
카에다의 테러리스트들이 여객기
4기를 납치하여 미국 뉴욕의 세계
무역 센터와 워싱턴 D.C.의 미국 국방부 청사인 펜타곤에

테러 공격을 받은 세계 무역 센터의
처참한 모습

who? 지식사전

이라크 전쟁, 그 후

이라크 전쟁은 2003년 3월 20일부터 4월 14일까지 미국과 영국이 이라크를
상대로 벌인 전쟁이에요. 2002년 1월 미국은 대량 살상 무기를 가지고 있는
북한, 이라크, 이란을 악의 축으로 규정했습니다. 그리고 이라크의 대량
살상 무기를 제거하여 자국민 보호와 세계 평화에 이바지한다는 명분으로
동맹국과 함께 바그다드 남동부 등에 미사일을 폭격하며 전쟁을 시작했지요.
미국의 집중적인 공습과 폭격으로 전쟁 발발 26일 만에 사실상 끝이 났지만,
수십만 민간인의 목숨을 앗아 가는 참혹한 결과를 낳았습니다. 이라크전이
끝날 즈음 미국 언론들은 이라크에서 대량 살상 무기를 발견하지 못했다고
선언하였고, 미국의 이라크전 명분인 대량 살상 무기가 허구임이 드러나면서
국제 사회에서 비난 여론이 일었답니다.

이라크 전쟁을 반대하는 시민 ©Adam
Jones Adam63

충돌하는 사건이 벌어졌어요. 90여 개국 총 2,993명의 사망자가 발생한 비극적인 사건이었습니다. 이로 인해 조지 부시 정부는 테러와의 전쟁을 선포하였고, 이는 또 다른 비극인 이라크 전쟁의 발발 원인이 되었습니다.

다섯 | 2008년 – 미국 최초의 흑인 대통령 탄생

힐러리 클린턴과 치열하게 유세전을 벌였던 민주당의 대선 후보 버락 오바마. 그는 2008년 공화당 후보인 존 메케인을 누르고 대통령에 당선되었답니다.
버락 오바마의 대통령 당선은 큰 의미가 있습니다. 다양한 인종이 모여 있는 미국 사회에서 흑인은 오랫동안 차별의 대상이었기 때문이지요.
최초의 흑인 대통령이 탄생했다는 것은 미국 사회 내의 인종 차별 문제를 해결하는 데 한걸음 다가갔다는 의미이기도 하니까요. 대통령에 취임한 오바마는 중동 평화 회담을 이끈 공로를 인정받아 2009년에 노벨 평화상을 수상했습니다.

미국의 제44대 대통령 버락 오바마

역대 미국 대통령이 남긴 화제의 기록들

한 가문의 대통령들: 한 가문에서 두 명의 대통령이 나온 경우가 많아요. 존 애덤스와 존 퀸시 애덤스 부자, 조지 부시와 조지 W. 부시 부자, 윌리엄 해리슨(할아버지)과 벤저민 해리슨(손자), 시어도어 루스벨트(당숙)와 프랭클린 D. 루스벨트(조카)가 있습니다.

조지 부시

조지 W. 부시

대통령의 결혼: 그로버 클리블랜드(22대, 24대)는 백악관에서 결혼식을 올린 첫 대통령이며, 두 번째는 우드로 윌슨(28대)이랍니다. 평생 결혼하지 않은 대통령도 있어요. 제임스 뷰캐넌(15대)은 평생 미혼이었습니다.

최고령 · 최연소 대통령: 최고령 대통령은 레이건으로 70세 때 백악관에 들어왔고, 최연소 대통령은 시어도어 루스벨트로 42세의 나이에 부통령에서 대통령 자리를 승계했답니다.

시어도어 루스벨트

프랭클린 D. 루스벨트

영부인에서 세계적인 여성 리더로!

아칸소주 주지사를 연임하던 클린턴은 마침내 1992년 11월 3일, 미국 제42대 대통령에 당선됩니다.

이번에도 힐러리의 적극적인 활동이 큰 역할을 했습니다. 힐러리는 로즈 법률 사무소를 그만두고 영부인으로 새로운 걸음을 시작하게 되었습니다.

미국의 의료 보험 산업과 보건 관리 체계는 참으로 취약해요.

이런 내용을 기본으로 세부안을 작성해 보세요.

너무 강하게 밀어붙이면 야당의 반발을 살 수 있을 텐데요?

정부의 재정적인 능력도 고려해야 합니다.

그런 일들은 나한테 맡겨 주세요.

알겠습니다.

많은 비난이 있었지만 힐러리는 의료 보험 제도 개혁과 관련한 자신의 계획에 어떠한 타협도 허용하지 않았습니다.

기존의 제도보다 비용이 적게 드는데도 흠집만 잡으려 드니, 원.

의료 보험 제도 개혁안을 완성했어요.

수고했소. 이 개혁안을 국회에 상정해 보겠소.

좋은 결과가 있어야 할 텐데…….

힐러리는 개혁안 통과를 위해
직접 국회에 나가 연설을 했습니다.

지난 몇 달 동안
미국 시민의 의료 보험 제도
개혁을 추진하는 과정에서
저는 많은 것을 배웠습니다.

저는 지금 이 자리에서 어머니로서,
아내로서, 딸로서, 누이로서,
그리고 한 명의 미국 시민으로서 자신 있게
의료 보험 제도 개혁안을 내놓습니다.
모두를 위한 현명한 판단 부탁드립니다.

개혁안의
내용이 아주
좋군.

적은 비용으로
이 정도의 개혁을
이룰 수 있다니
놀라워.

이러다 통과되는 거
아닐까요?

걱정하지 마!

계속해서 남아시아 5개국 순방을 하던 도중에 인도를 방문한 힐러리는 큰 감동을 받게 됩니다.

이곳이 간디가 인도 독립 투쟁에서 잠시 물러나 명상에 잠기곤 했다는 아슈람이구나.

마치 그 당시 역사 속으로 들어온 것 같아요.

영부인님! 14만 명의 회원이 가입해 있는 자영업 여성 연합회 설립자인 엘라 바트 여사를 만나 보시겠습니까?

아! 간디의 삶에서 큰 영감을 받았다는 여성 말이군요?

네.

만나 보겠어요.

힐러리가 자영업 여성 연합회를 방문한다는 소문은 인도 구자라트주의 시골 마을까지 퍼져 나갔습니다.

힐러리 영부인이 온다는군.

힐러리 여사를 직접 만날 수 있다니.

힐러리를 보기 위해
천 명에 가까운 여성들이 모였습니다.

저들은 누군가요?

영부인님을 뵙겠다고
시골 곳곳에서 올라온
여성들입니다.

힐러리 여사님!
너무도 뵙고 싶었습니다.

목소리가 무척
잠겨 있군요?

뜨거운 날씨에 흙먼지를 마셔 가며
열 시간 이상을 걸어왔어요.

*불가촉천민: 인도의 신분 제도인 카스트 제도의 가장 낮은 계급 혹은 그에도 속하지 않는 사람

자영업 여성 연합회를
설립한 엘라 바트라고
합니다.

참으로 훌륭한
일을 하시네요.

회장님 덕분에
여성들이 자신감을
회복하고

강한 연대감으로
생존해 갈 수 있는
힘을 얻게 되었어요.

저야 인도 시골 마을의
여성들을 위한 일을 하는 게
전부이지만 영부인님은
전 세계의 여성들에게 희망의
빛이 되어 주고 계십니다.

과찬이십니다.

몇 달 뒤, 중국 베이징에서
제4차 유엔 세계 여성 회의가 개최되었습니다.
힐러리는 미국 대표단의 명예 단장으로
이 회의에 참석하였습니다.

연설하실
차례입니다.

알겠습니다.

세계 여성 회의!
이것은 진정한 축제입니다.

어머니로서, 아내로서,
누이로서, 노동자로서, 지도자로서
여성의 공헌을 찬양하는
축제입니다.

새 천년을 앞둔 지금이야말로 여성들은 침묵을 깨야 할 때라고 믿습니다. 여성의 권리를 인간의 권리와 따로 떼어 논의하는 것을 용납해서는 안 됩니다.

이곳에서 여성들이 내는 목소리는 크고 분명하게 들려야 합니다. 여자로 태어났다는 이유만으로 굶겨 죽이거나 물에 빠뜨려 죽이는 것은 인권 침해입니다.

결혼 지참금이 적다는 이유로 여성의 몸에 휘발유를 끼얹고 불태워 죽이는 것, 그것은 인권 침해입니다.

14세에서 44세까지 여성의 주요 사망 원인이 가족이나 친척에게 당하는 가정 폭력이라는 것, 그것은 인권 침해입니다.

드디어 책이
나왔구나.

무슨 내용
이에요?

부모가 알아야 할
것들을 모두 담았지.
빠르게 변해 가는
험한 세상에서 아이들을
안전하게 기르기 위한
방법을 기록한 책이야.

읽어 보겠니?

네.

첼시! 넌 모르지?
너를 키우면서 느꼈던
것들이 책 속에 고스란히
담겨 있단다.

그리고 1998년,
힐러리는 상상하기조차 끔찍한
하나의 사건을 겪게 됩니다.

그리고 2000년 11월 7일,
힐러리는 미국 뉴욕주 상원 의원에 당선되었습니다.

힐러리!

힐러리!

상원 의원이 된 힐러리는
북부 지역의 경제를 활성화시키고
환경을 되살리는 일에 매달리고
있었습니다.

하지만 *9·11 사건이 일어나면서
뉴욕주는 극심한 혼란에 빠졌습니다.

힐러리는 재난 복구를 위해
일주일 동안 70시간을
쉬지 않고 일했습니다.

연방 정부에 215억 달러의
보조금을 신청했으며,

*9·11 사건: 이슬람 무장 테러 단체가 미국 뉴욕의
 세계 무역 센터와 워싱턴의 국방부 청사를 공격한 사건

그동안 당신은 내게
과분할 정도로 많은 것을 주었어.
이제 내가 당신을 지지하고
도울 차례야.

하지만 만만찮은 후보 버락 오바마의 출현으로
힐러리는 힘겨운 싸움을 해 나가야만 했습니다.

지지율에 밀려도
늘 씩씩하신데
그 비결이 무엇인지요?

······.

힘차게 달려온 힐러리도
이 질문에는 눈물을 보이고
말았습니다.

결코 쉽지
않아요.

힐러리 후보님!

결국 힐러리는
6개월의 경선을 마치고
오바마 후보에게 패배를
선언했어요.

비록 대선 후보 도전에는 실패했지만,
탁월한 능력을 인정받아 국무 장관에
임명되었고, 현재 세계적인 여성 리더로서
맹활약을 하고 있습니다.

그녀의 용기와 화해,
관용의 정신은 지금도 세계의
수많은 여성들의 본보기가 되고
있습니다.

힐러리는
내 꿈이야.

나도
힐러리 같은
훌륭한 정치인이
될 거야!

2008년 대통령 선거에서 패한 힐러리는 버락 오바마 대통령
당선 직후 국무 장관으로 지명되었고, 2009년부터는 상원 의원으로
활동했습니다. 2016년에도 미국 대통령 선거 후보로도 출마하여
안타깝게 패했지만, 이것은 여성으로서 최초로 미국 주요
정당(민주당)의 대선 후보였다는 의의로 남았습니다.

힐러리 로댐 클린턴은 많은 사람을 접하면서 폭넓은
경험을 쌓았고, 다양한 입장에 서 있는 사람들의 목소리를
생생한 언어로 전달할 수 있는 강점을 가지고 있습니다.
이러한 힐러리의 삶은 세계적인 영향력을 행사하며
이 시대를 살아가고 있는 이들의 귀감이 되고 있습니다.

who?와 함께라면 미래가 보인다

어린이
진로 탐색

국회 의원

어린이 친구들 안녕?
힐러리 클린턴 이야기 재미있게 읽었나요?

그렇다면 이제부터
힐러리 클린턴이 꿈을 키워 가는 과정을 함께 되짚어 보며
그가 활동한 분야와 그 분야에 속한 다양한 직업에 대해
살펴봐요!

또한 여러분에게는 어떤 장점과 적성, 가능성이
숨어 있는지 찾아보면서
그것을 어떻게 진로와 연결시킬 수 있는지에 대해서도
알아봅시다.

그럼 지금부터
여러분이 멋진 꿈을 향해 나아갈 수 있도록 도와줄
진로 탐색을 시작해 볼까요?

> 자기 이해부터
> 진로 체험까지,
> 다양한 진로 탐색
> 활동을 시작해 봐요!

나의 이미지는 어떨까?

힐러리는 이미지 메이킹이 중요하다는 것을 깨닫고, 세련된 이미지를 만들기 위해
노력했어요. 상원 의원에 도전할 때는 머리 모양을 바꾸어 커리어우먼의 이미지로
자신을 변화시켰답니다. 지금 여러분은 어떤 이미지일까요? 자신의 평소 모습이
어떻게 보일지를 생각해 보세요. 그리고 친구와 대화를 통해 자신의 모습이 어떤
이미지로 보이는지 알아보세요.

얼굴(눈, 코, 입, 귀)

내가 생각하는 이미지:

친구가 보는 이미지:

머리 모양

내가 생각하는 이미지:

친구가 보는 이미지:

마음씨, 성격

내가 생각하는 이미지:

친구가 보는 이미지:

패션 스타일

내가 생각하는 이미지:

친구가 보는 이미지:

진로
탐색
STEP 2

나의 멘토 찾기

힐러리는 여성 리더들을 멘토로 삼아 그녀들처럼 되기 위해 노력했어요. 재클린
케네디 오나시스, 엘리너 루스벨트의 우아함과 사회에 공헌한 업적을 존경했습니다.
이처럼 우리도 존경할 만한 인물을 찾고, 그들의 업적과 본받고 싶은 점을 생각해
보세요. 내가 본받고 싶은 사람을 통해 나의 꿈과 미래의 모습을 더욱 구체적으로
상상할 수 있습니다.

✳ **멘토로 삼고 싶은 사람은 누구인가요?**

✳ **멘토로 삼고 싶은 사람은 어떤 일을 했나요?**

✳ **멘토에게 배우고 싶은 점은 무엇인가요?**

✳ **만약 내가 멘토와 함께한다면 어떤 도움을 줄 수 있을까요?**

207

법률 제정 및 개정의
절차를 알아봅시다!

힐러리는 영부인 시절 의료 보험 제도를 바꾸기 위하여 개혁안을 만들었지만, 그 개혁안이 의회를 통과하지 못해 결국 개혁이 좌절되고 말았답니다. 이처럼 새로운 제도나 규칙(법)은 의회(국회)를 통과해야 효력이 발생합니다. 그럼 우리나라 국회에서는 어떤 절차를 거쳐서 법이 만들어지며, 국회 의원은 어떤 일을 하는지 알아보고, 빈칸에 알맞은 내용을 보기에서 찾아 정리해 보세요.

보 기

• 심의   • 의결   • 발의

국회 의원이 입법부의 대표인 국회 의장에게 새로운 법을 제안하는 것을 (A)(이)라고 합니다.
이때, 10인 이상의 국회 의원에게 찬성을 얻어야 (A) 을(를) 할 수 있습니다.

국회 의장은 법안을 모든 국회 의원에게 전달하고, 본회의에 보고한 후, 상임 위원회에서 심사하도록 회부합니다.

각 분야의 전문가로 구성된 국회 상임 위원회에서는 이 법안이 적합한지 (B)을(를) 합니다.

대통령은 새로운 법이 제정되었음을 알리는데, 이를 공포라고 합니다.
대체로 공포 후 20일 이내에 법의 효력이 발생합니다.

만약 국무 회의의 의장인 대통령이 법안에 이의가 있을 경우, 이를 15일 이내에 국회로 돌려보냅니다. 그러면 국회에서는 다시 본회의를 열어 출석한 국회 의원 중 3분의 2 이상의 찬성을 얻어야 재의결될 수 있습니다.

법안에 이의가 없을 경우

법안에 이의가 있을 경우

국회에서 의결된 법안은 국무 회의에서 심사하도록 이송됩니다.

심의를 거친 법안은 본회의에 상정되어 모든 국회 의원에게 심의를 받습니다. 등록된 국회 의원 중 과반수 이상이 출석하여 토론한 후 출석한 의원 중 과반수의 찬성표를 얻으면 (C)됩니다.

정답: A 확인 / B 심의 / C 의결

만일 내가 국회 의원이라면?

힐러리는 변호사 시절부터 아동과 교육에 대한 관심이 많았습니다. 그래서 남편
빌 클린턴이 대통령으로 재임 중일 때부터 아동의 교육 및 의료 보험, 보건 관리
개혁에 힘썼으며, 본인이 상원 의원을 지낼 때에도 국민의 편에 서서 일하였습니다.
여러분이 국회 의원이 된다면, 사회의 어느 분야를 바꾸고 싶은가요?

·아동	·교육	·의료 · 보건	·노인	·경제
·기업	·국방	·외교	·문화	·환경
·지역	·차별 · 평등	·언론 · 미디어	·과학 · 기술	·노동

＊ 바꾸고 싶은 사회 분야는 무엇인가요?

＊ 새롭게 만들고 싶거나 바꾸고 싶은 법의 내용은 무엇인가요?

＊ 이 법이 왜 필요한가요?

＊ 법이 제정되거나 개정될 경우 어떠한 점이 좋아질까요?

국회 의사당 헌정기념관 견학하기

헌정기념관은 국회 개원 50주년을 기념하여 1998년에 건립되었어요. 이곳에는 대한민국 국회가 걸어온 역사를 비롯해 국회의 활동상에 관한 기록물이 보관·전시되어 있습니다.

• 헌정기념관 1층에는 국회의 기능과 역할에 대한 영상을 볼 수 있는 홍보 영상관, 국회 의원에 관련된 각종 기록을 전시한 국회 진기록관, 역대 국회의 주요 활동과 국회 의원 선거 제도 및 정당의 변천사 등을 알 수 있는 국회 역사관, 국회 자료실 등이 있습니다.

헌정기념관 전경

역대 국회에 대해 알 수 있는 국회 역사관 전시실

• 헌정기념관 2층은 직접 체험하고 참여할 수 있는 공간으로 구성되어 있습니다. 국회 내의 다양한 기관 및 부서와 그 업무에 대해 소개하는 의사당 사람들관에서는 10개의 질문지를 통해 국회에서의 업무 중 나의 적성에 맞는 업무를 찾아볼 수 있습니다.

＊ 헌정기념관은 국회 참관 코스에 포함되어 있습니다.
＊ 참관 예절을 지키며 쾌적한 참관이 되도록 합니다.
＊ **주소:** 서울 영등포구 의사당대로1(여의도동)
＊ **문의처:** 국회도서관 기획담당관실 02-788-4243

힐러리 클린턴

연표

1947년		10월 26일, 시카고에서 아버지 휴 로댐과 어머니 도로시 하웰 로댐 사이에 태어났습니다.
1965년	18세	웰즐리 여자 대학교 입학, 정치학을 전공합니다.
1968년	21세	흑인 민권 운동 지도자 마틴 루서 킹 목사가 암살 당합니다.
1969년	22세	웰즐리 여자 대학교 졸업식에서 학생 최초로 졸업식 연설을 합니다.
		예일 대학교 법학 대학원에 입학합니다.
1970년	23세	빌 클린턴과 만납니다.
1974년	27세	아칸소 대학에서 강의를 시작합니다.
1979년	32세	로즈 법률 사무소에서 변호사 일을 시작합니다.
1982년	35세	힐러리 로댐에서 힐러리 클린턴으로 성을 바꿉니다.
		빌 클린턴이 주지사에 재당선됩니다.
1992년	45세	모교 웰즐리 여자 대학교 졸업식 연설을 합니다.
1993년	46세	빌 클린턴이 미국 제42대 대통령에 당선됩니다.
		힐러리 클린턴은 의료 개혁 책임자에 임명되어 의료 개혁안을 마련하지만 의회에서 통과되지 못합니다.
1995년	48세	《한 명의 아이를 기르려면 온 마을이 합심해야 한다—아이들이 우리에게 알려 주는 교훈》을 출간합니다.

2000년	53세	뉴욕주 상원 의원 경선 출마를 선언하고 공화당 후보 릭 라지오를 꺾으며 뉴욕주 상원 의원에 당선됩니다. 선거에서 공직을 얻은 최초의 영부인으로 기록됩니다.

2003년	56세	자서전 《살아 있는 역사》를 출간합니다. 〈뉴스위크〉지의 설문 조사 결과 민주당 내에서 가장 이상적인 대통령 후보 1위에 선정됩니다.
2004년	57세	〈타임〉지가 주최한 '가장 영향력 있는 100인'에 선정됩니다.
2005년	58세	뉴욕의 여권 단체 국제 여성 건강 연합 선정 '올해의 상'을 수상합니다.

2006년	59세	뉴욕주 상원 의원에 재당선됩니다.
2007년	60세	2008년 대통령 민주당 후보로 출마할 것을 공식 선언합니다.
2008년	61세	민주당 내 대선 후보를 가리는 아이오와주에서 열린 첫 당원 대회에서 오바마에게 패합니다. 뉴햄프셔 예비 선거에서는 힐러리가 승리합니다.
2009년	62세	미국 국무 장관에 임명됩니다.

2016년	69세	2016년 미국 대통령 선거에서 민주당 후보로 출마하지만, 공화당 후보 도널드 트럼프에게 패배합니다.

who? 한국사

초등 역사 공부의 첫 단추! '인물'을 알아야 시대가 보인다

● 선사 · 삼국   ● 남북국   ● 고려   ● 조선

※ who? 한국사(전 47권) | 대상 초등학교 전 학년 | 책 크기 188×255 | 각 권 페이지 190쪽 내외

who? 인물 중국사

인물로 배우는 최고의 역사 이야기

※ who? 인물 중국사 (전 30권) | 대상 초등학교 전 학년 | 책 크기 188×255 | 각 권 페이지 190쪽 내외

who? 아티스트

최고의 명작을 탄생시킨 아티스트들을 만나다

● 문화 · 예술 · 언론 · 스포츠

※ who? 아티스트(전 40권) | 대상 초등학교 전 학년 | 책 크기 188×255 | 각 권 페이지 190쪽 내외

who? 인물 사이언스

기술로 세상을 발전시킨 과학자들의 이야기

※ who? 인물 사이언스 (전 40권) | 대상 초등학교 전 학년 | 책 크기 188×255 | 각 권 페이지 180쪽 내외

who? 세계 인물

세상을 바꾼 위대한 인물들의 이야기

※ who? 세계 인물 (전 40권) | 대상 초등학교 전 학년 | 책 크기 188×255 | 각 권 페이지 180쪽 내외

who? 스페셜 · K-pop

아이들이 가장 만나고 싶고, 닮고 싶은 현대 인물 이야기

※ who? 스페셜 · K-pop | 대상 초등학교 전 학년 | 책 크기 188×255 | 각 권 페이지 190쪽 내외